KU-480-686

LA REVUE DES LETTRES MODERNES

collection fondée et dirigée par Michel Minard

les carnets bibliographiques

Abdelaziz BENNIS

carnet bibliographique

ANDRÉ MALRAUX

critique 1990–2002

1

NOTTINGHAM WITHDRAWN UNIVERSITY LIBRARY

lettres modernes minard

PARIS - CAEN

2004

Les articles anonymes sont classés en tête des années dans l'ordre alphabétique des titres des supports.

Un point • en tête de rubrique signale les volumes ou les livraisons de périodiques intégralement consacrés à l'auteur étudié.

Les volumes collectifs et les numéros spéciaux de périodiques sont recensés à l'ordre alphabétique de leur titre ; on trouvera sous rubrique leurs coordonnées bibliographiques ainsi que les renvois internes (à l'intérieur d'une même année) aux noms des contributeurs.

Par principe, nous respectons les formes des libellés telles qu'elles figurent dans les textes édités. D'où certaines disparités typographiques possibles entre les descriptions de première main que nous donnons de certains titres et les relevés de recensions que nous en donnons. D'où aussi certaines bizarreries d'orthographe dans les transcriptions des noms propres que nous respectons au vu des documents que nous relevons. Toutefois, lorsqu'une preuve formelle ou un renseignement direct nous apportera la certitude d'une coquille, nous rectifierons les orthographes fautives, préférant ne pas propager des erreurs regrettables pour la recherche.

toute reproduction ou reprographie même partielle
et tous autres droits réservés
PRODUIT EN FRANCE
ISBN 2-256-91076-8

AVANT-PROPOS

En établissant le présent Carnet bibliographique, nous avons voulu combler une lacune. En 1972, Walter G. Langlois, le malrucien américain de longue date avait, le premier, lancé aux Lettres Modernes un « Calepin » couvrant la critique publiée au cours des quarante-six premières années de la carrière de Malraux : *Malraux Criticism in English. Essai de bibliographie des études en langue anglaise consacrées à André Malraux (1924–1970).* Dans ce volume de 324 pages, il a recensé 1268 références.

Par ailleurs, dans la Série *André Malraux*, éditée aux Lettres Modernes Minard, dans la collection « La Revue des lettres modernes », Peter C. Hoy avait poursuivi cette investigation en publiant plusieurs « Carnets bibliographiques » :

— « Un Événement littéraire : les *Antimémoires* de Malraux (1967–1970) » (avec F. DORENLOT *et* W. G. LANGLOIS), *André Malraux 1 : "Du 'farfelu' aux 'Antimémoires' "* [1972], pp. 177–97 ;

— « Les *Antimémoires* (Complément 1967–1972). Carnet bibliographique 1969–1971 », *André Malraux 2 : "Visages du romancier"* [1973], pp. 172–207 ;

— « Carnet bibliographique (1972) suivi de Complément 1969–1971 », *André Malraux 3 : "Influences et affinités"* [1975], pp. 206–222 ;

— « Carnet bibliographique : Œuvres (1973–1975) et Critique Complément 1970–1972 », *André Malraux 4 : "Malraux et l'Art"* [1978], pp. 152–98.

Alors que la critique malrucienne a pris de l'ampleur en France et outre-Atlantique, en 1994, John B. Romeiser rédige une bibliographie analytique : *André Malraux: A Reference Guide 1940–1990.* Il y recense à peu près 1400 notices, essentiellement en français et en anglais, dont un tiers pour les trente premières années. Cette entreprise constitue une mise à jour importante couvrant un demi-siècle de travaux critiques.

Il n'existait cependant pas, jusqu'à présent, un répertoire détaillé des études critiques entre 1990 et 2002. Or, c'est pendant cette période faste qu'a eu lieu la publication d'ouvrages importants suite à la "panthéonisation" de Malraux le 23 novembre 1996. En effet, vingt ans après sa mort, beaucoup d'encre, élogieuse ou fielleuse, a coulé sur son œuvre et à son sujet lors du transfert de ses cendres du cimetière de Verrières-le-Buisson au Panthéon. Cet événement grandiose a rassemblé la France entière dans un acte de nostalgie, autour d'un homme qui défendait la culture et, au-delà des opinions politiques, voulait faire vivre les valeurs fondatrices de la nation. Un hommage national et solennel lui a été rendu par Jacques Chirac, Président de la République, dans une cérémonie fortement symbolique retransmise à la télévision. À l'occasion de cette sacralisation par l'onction républicaine, de multiples essais ont tenté d'explorer les facettes du personnage, et une somme d'articles a contribué à clarifier la riche personnalité et la réflexion aussi bien littéraire qu'artistique d'un Malraux, premier écrivain à être admis dans le temple des Grands Hommes, depuis Victor Hugo et Émile Zola. Nous en avons relevé plus de 950 entrées pour l'année 1996. Sans oublier la parution des tomes II et III de ses *Œuvres complètes* dans « La Bibliothèque de la Pléiade », ce qui a donné lieu à une marée d'articles et de comptes rendus de lecture.

L'année 2001 marque une double commémoration : le centième anniversaire de la naissance de l'écrivain-ministre et le vingt-cinquième anniversaire de sa disparition. À cette occasion il se trouve ramené sous le feu de l'actualité littéraire et critique, notamment avec la publication de la biographie controversée d'Olivier Todd : *André Malraux : une vie*, et les multiples comptes rendus et autres articles promotionnels qu'elle a suscités. Cette effervescence éditoriale — plus de 600 références recensées — a considérablement grossi le rocher bibliographique malrucien. C'est dire que Malraux, l'homme, l'œuvre et le mythe continuent de fasciner et de déconcerter. Sa vie, les engagements attestés comme la part rêvée, alimentent toujours autant la fascination que l'agacement. Indéniablement l'aventurier farfelu qui a connu la consécration laïque du Panthéon demeure plus que jamais présent dans notre champ littéraire.

Tracer un itinéraire chronologique de l'impressionnante exégèse malrucienne a été notre ambition. Pour y parvenir, nous avons rassemblé des matériaux bruts conformément à l'esprit de la collection, notre rôle n'étant pas de porter un jugement de valeur sur les articles référencés, tâche qui relève spécifiquement des différentes publications spécialisées. Couvrant la période de janvier 1990 à décembre 2002, cet ensemble recense un peu plus de 3600 références parmi lesquelles beaucoup n'avaient jamais été mentionnées. Certes plusieurs éléments ponctuels de bibliographie existent déjà, notamment dans les sections documentaires d'ouvrages de critique. Nous les avons bien évidemment pris en compte. Une grande part des textes cités sont consultables :
à la Bibliothèque nationale de France
(dont le catalogue est consultable en ligne à l'adresse http://www.bnf.fr),
à la Bibliothèque Sainte-Geneviève
(http://www-bsg.univ-paris1.fr).
En outre, les catalogues des bibliothèques nationales européennes sont rassemblés par le serveur « Gabriel »
(http://www.kb.nl/ gabriel).
Nous avons respecté les conventions déjà adoptées pour les bibliographies précédemment parues aux Lettres Modernes. À quelques exceptions près nous avons omis tout article très court, ainsi que les manuels scolaires et les encyclopédies où il n'est qu'accidentellement ou trop brièvement question de Malraux. Nous n'avons pas retenu, dans ce cadre-ci, les nombreuses traductions des œuvres de Malraux qui comportent parfois un avant-propos ou des notes explicatives. Aussi, nous n'avons pas inventorié les communications non publiées, les innombrables émissions radiophoniques ou télévisées — qui feront à elles seules l'objet d'un volume à part —, les vidéos et les cédéroms

commercialisés, etc. qui sont autant d'expression de la vitalité littéraire de Malraux et de sa postérité.

Dans cette bibliographie primaire, faite la plupart du temps document en main — de la majorité des documents, nous possédons une photocopie ou une version dactylographiée ; certains textes cependant n'ont pu être vérifiés, nous l'indiquons —, nous avons inventorié les écrits exclusivement ou partiellement consacrés à André Malraux : ouvrages critiques ou d'intérêt biographique contenant un chapitre, des pages ou de nombreuses allusions, recueils collectifs, thèses universitaires (avec leur cote de consultation), numéros spéciaux de revues, articles de périodiques, entretiens, préfaces, correspondances, catalogues d'exposition, témoignages, comptes rendus, en bref, un recensement de l'ensemble des publications imprimées dont l'écrivain a bénéficié, et qui vise à devenir complet.

À travers le présent volume, nous espérons fournir aux spécialistes qui suivent le développement des études malruciennes et aux amateurs qui s'intéressent à la littérature du XXᵉ siècle et aux études de réception un instrument de travail, à l'état brut certes, mais utile, susceptible de faciliter leurs recherches sur la vie et la pensée de celui qui a arpenté le siècle précédent et qui reste actuel et vivant dans le présent.

A. B.

En dépit de tout le soin que nous avons apporté à ce travail de recension, forcément non exhaustif, oublis et erreurs sont inévitables. Nous remercions par avance tous ceux qui voudront bien nous les indiquer à l'adresse : a.bennis@wanadoo.fr.

Selon la pratique de la collection, les références sont classées par année.

Pour mieux les situer, chaque année commence par une *notice* rappelant des éléments importants concernant Malraux et son œuvre propres à éclairer certains points bibliographiques, notamment les publications marquantes d'*œuvres* de Malraux auxquelles il sera fait sobrement renvoi (par ex. : 1996 *notice*) dans les commentaires de rubrique.

En tête, avant le répertoire alphabétique des rubriques, figurent les périodiques (classés alphabétiquement à leur titre) comportant des articles anonymes.

Puis sans distinction de langue ou d'approche critique, les études sont répertoriées selon l'ordre alphabétique de leurs auteurs ou de leur titre pour les ouvrages collectifs.

À la fin du volume, l'INDEX DES AUTEURS permet, pour chaque critique, de connaître les années où sont parus des textes signés de son nom (en annexe sont regroupés les auteurs non identifiés dont le patronyme est réduit à des initiales). L'INDEX DES PUBLICATIONS précise les coordonnées bibliographiques usuelles des titres mentionnés sans autre précision au fil des rubriques.

1990

10 mars : Débat sur le livre de Takemoto *André Malraux et la cascade de Nachi* (1989) (« Panorama », France Culture).

6 juin : Discussion entre Guillemin et Lacouture à propos des hommes que Guillemin a sévèrement critiqués et qui sont, au contraire, très proches de Lacouture : Gide, Camus et Malraux (« À voix nue », France Culture).

2 août : En présence de Geneviève de Gaulle, Jean Lacouture, Olivier Germain-Thomas et Bernard Frank parlent des liens qui unissaient Malraux et de Gaulle (« De Gaulle et la culture », France Culture).

29 août : Malraux au Danemark. Henrik Stangerup, écrivain danois, et Jean Lacouture s'interrogent sur les influences de la culture danoise sur l'œuvre, et sur son image au Danemark (« La Fureur de lire », « Destins d'écrivains », France Culture).

3 novembre : Massin présente ses photos de Malraux (« Le bon plaisir de... », France Culture).

28 décembre : Yves Peyre commente les textes que Malraux a consacrés au peintre Jean Fautrier (« Du jour au lendemain », France Culture).

Au cours de l'année : Pierre Hebey dans *L'Esprit N.R.F. 1908–1940* (Paris, Gallimard, 1990. XIX-1326 p.), reproduit plusieurs « notes » critiques de Malraux parues dans *La Nouvelle revue française* :

> « *Art poétique*, par Max Jacob (Émile-Paul) », pp. 403-4 ;
> « *Malice*, par Pierre Mac Orlan (Crès) », pp. 440-1 ;
> « *Battling le ténébreux*, par Alexandre Vialatte (éd. de la N.R.F.) », pp. 669-70 ;
> « *Exposition d'œuvres de Samirani* (Galerie de la N.R.F.) », pp. 842-3 ;
> « *Exposition Fautrier* (Galerie de la N.R.F.) », pp. 904-5 ;
> « *Les traqués*, par Michel Matveev (éd. de la N.R.F.) », pp. 966-8 ;
> « *Journal d'un homme de quarante ans*, par Jean Guéhenno (Grasset) », pp. 1010–2.

Au cours de l'année : En collaboration avec FR3, l'Institut national de l'audiovisuel sort une vidéo de 55 minutes : « De Gaulle - Malraux, portraits croisés » sous la direction d'Olivier Germain-Thomas, réalisée par Jean-Marie Carzou. Ce document émaillé de citations, d'extraits de discours et d'interviews, s'emploie à dégager des rapprochements, et analyse la nature d'une relation d'amitié réelle et de complicité dans l'héroïsme et la lutte contre l'absurdité et la mort, celle du général de Gaulle et de l'écrivain André Malraux.

Au cours de l'année : Traduction russe de *L'Espoir*, par Eugène Kouchkine, en collaboration avec I. Koss sous le titre **Nadezda** (Leningrad, Éd. Khoudojestvennaïa Literatoura. 350 p.).

Au cours de l'année : Traduction anglaise de *La Condition humaine* **Man's Fate** (New York, Vintage Books. 356 p.)

*

(classement alphabétique des périodiques contenant des contributions anonymes)

The Hemingway Review (1990)
***, « Hemingway / Malraux Plan Set » (Vol. 10, no. 1, Fall, p. 56).

La Lettre de la Nation Magazine - RPR (1990)
***, « Un Interlocuteur de choix : André Malraux » (n° 65, février, p. 5).

*

- ABOUTARIK, Abdelmajid. *Les Points de vue dans "La Condition humaine" d'André Malraux : essai d'analyse sémio-linguistique.* Thèse de Doctorat Nouveau Régime en Lettres Modernes, sous la direction de Joseph Courtés. Université de Toulouse II, 1990. 331 f.
  Thèse consultable à Toulouse II - BU Lettres : TR 1005-1990-22.X.

AINSLEY, Luc. *La Critique sociale chez Christiane Rochefort.* The University of British Columbia (Canada), 1990. 144 f.
  Nombreuses références à Malraux.
  Voir : 1992 AINSLEY.

ALLAN, Derek W., « Finding the Battle: History and the Individual in *Les Conquérants* and *La Condition humaine* », *Australian Journal of French Studies*, Vol. 27, no. 2, May-August 1990, pp. 173–81.

- *André Malraux: Stylistic Aspects Stylistiques.* Études réunies par Sergio VILLANI. York [Ontario], Captus University Publications, 1990. 161 p.
  Voir : FITCH, FORTIER, FREITAS, GREENFELD, IVALDI, JAMES, KOWALSKY, MACHABÉÏS, McGRATH, MICHALCZYK, NOUSS, THORNBERRY, TRÉCOURT, TUCCI, VILLANI, WILHELM.

BARNAUD, Gilles, « Tadao Takemoto : *André Malraux et la cascade de Nachi* », *La Vie spirituelle*, t. 144, n° 688, janvier-février 1990, pp. 171-2.

BARTHELET, Philippe, « *André Malraux et la cascade de Nachi*, par Tadao Takemoto », *Espoir*, n° 70, mars 1990, p. 84.

BERSANI, Leo. *The Culture of Redemption.* Cambridge, Harvard University Press, 1990. 232 p.
  Pp. 102–23 : « Literature and History: Malraux and Bataille ».

BEVAN, David, « André Malraux : au-delà d'une révolution de jeunesse », pp. 245–69 in *Littérature et révolution en France* (Textes réunis par Geoffrey T. HARRIS *et* Peter Michael WETHERILL. Amsterdam, Rodopi, 1990. 308 p. [Coll. « Faux Titre »]).

BIÈS, Jean, « Sortilèges hindous et littérature française », *Corps écrit*, n° 34, 1990, pp. 67–74.

BRINCOURT, André, « André Malraux : le musée imaginaire de la littérature », *Le Figaro* [*littéraire*], n° 14380, 19 novembre 1990, p. 4.
C. r. de 1990 GODARD, *L'Autre face de la littérature*.

BRYSON, Dorothy, « Lucifer as Oedipus: The Fate of Ferral in *La Condition humaine* », *Nottingham French Studies*, Vol. 29, no. 2, Spring 1990, pp. 35–43.

CARCHIDI, Victoria, « Rebels Against Absurdity: André Malraux, T. E. Lawrence, and political action », pp. 109–21 in *Literature and War* (Edited by David G. BEVAN. Amsterdam, Rodopi, 1990. 209 p. [Coll. « Rodopi Perspectives on Modern Literature »]).

CAZENAVE, Michel, « André Malraux (1901–1976) : *La Condition humaine*, 1933 », p. 335 in *En français dans le texte : dix siècles de lumières par le livre* (Paris, Bibliothèque nationale, 1990. 381 p.).

CHAN, Victor, « The Fatal Enticement of Religion and Revolution: Malraux, Goya and "Los caprichos" », pp. 44–72 in *Une "Confrontation de métamorphoses"*...

CHASTEL, André, « L'Invention de l'inventaire », *Revue de l'art*, n° 87, 1990, pp. 5–11.

CHEVAL, René. *Le Coq et l'aigle*. Bern - Frankfurt/M - New York - Paris, Peter Lang, 1990. 270 p. (Coll. « Contacts », série « Gallo-germanica »)
Pp. 101–17 : « André Malraux entre Pascal et Nietzsche ».

CONCHON, Georges, « *La condición humana* / André Malraux », pp. 3–10 in *Los Goncourt de Novela. Esplugues de Llobregat* (Barcelona, Plaza y Janés, 1990. 841 p. [Coll. « Grandes premios literarios »]).
Nombreuses références à Malraux.

La Condition humaine, avec une introduction, des notes et un dossier sur l'œuvre par Gilles VANNIER. Paris, Larousse, 1990. 326 p. (Coll. « Collection des grands classiques Larousse »)

> Plus de soixante pages d'appareil critique : histoire d'une vie ; parcours d'une œuvre ; documentation thématique et critique ainsi qu'une bibliographie commentée.
> Édition antérieure : 1989.

La Condition humaine, extraits ; avec une notice..., des notes... par A.[ndré] BOUTET DE MONVEL. Paris, Larousse, 1990. 141 p. (Coll. « Nouveaux classiques Larousse »)

> Pp. [2-3] : « André Malraux et son temps ».
> P. 4 : « La Carrière d'André Malraux ».
> Pp. 5-6 : « André Malraux ».
> Pp. 7–17 : « *La Condition humaine*. Notice ».
> Pp. 119–38 : « Documentation thématique ».
> Pp. 139–41 : « Questions sur "La Condition humaine" ».
> P. 142 : « Sujets de devoirs ».
> Édition antérieure : 1956 (Coll. « Classiques Larousse ») et réédité en 1973 (Coll. « Classiques Larousse »).

CÔTÉ, Paul Raymond, « La Fonction référentielle et structurante de la création artistique dans l'œuvre romanesque de Malraux », pp. 104–16 in *Une "Confrontation de métamorphoses"...*

COURCEL, Martine DE, « Malraux en sa métamorphose. À propos du colloque de Cerisy », *Espoir*, n° 70, mars 1990, pp. 76–9.

DEBEAUX, Anne, « Tadao Takemoto, *André Malraux et la cascade de Nachi* », *Europe*, n°s 734-735, juin-juillet 1990, p. 219.

DELMANS, Claude, « Solitude du héros malrucien », *Chronique*, n° 2, 1990, pp. 5–23.

DERAMUS, Barnett. *From Juby to Arras. Engagement in Saint-Exupéry.* Lanham, University Press of America, 1990. XVI-165 p.

> Pp. 30–5 : « Commitment in Malraux ».

DURRER, Sylvie, « Le Dialogue romanesque : essai de typologie », *Pratiques*, n° 65, mars 1990, pp. 37–62.

ESTEBAN, Claude, « André Malraux et Goya », pp. 155–64 in *Mélanges offerts à Paul Guinard*, Vol. I. (Édité par Annie MOLINIÉ *et* Carlos SERRANO. Paris, Éditions Hispaniques, 1990. 240 p. [Coll. « Ibérica »]).

FITCH, Brian T., « Peintre sans paysage : l'art paradoxal des romans révolutionnaires », pp. 97–105 in *André Malraux: Stylistic Aspects Stylistiques*.
Une première version a été publiée sous le titre « Un Vide porteur d'échos et de mirages », *Europe*, nos 727-728, novembre-décembre 1989, pp. 112–7.

FLANNER, Janet. *Men and Monuments.* New introduction by Rosamond BERNIER. New York, Da Capo Press, [1990]. 316 p.
Pp. 19–87 : « The Human Condition ».
Édition antérieure : London, Hamish Hamilton, 1957.

FORTIER, Paul A., « Sub-Genre and Vocabulary Distribution: *La Tentation de l'Occident, Les Conquérants,* and *La Voie royale* », pp. 19–26 in *André Malraux: Stylistic Aspects Stylistiques*.

FOULON, Charles-Louis, « Des Beaux-Arts aux affaires culturelles (1959–1969) : les entourages d'André Malraux et les structures du ministère », *Vingtième siècle*, no 28, octobre–décembre 1990, pp. 29–40.

FRAIGNEAU, André / VAN DER PLAETSEN, Jean-René, « Drieu, Malraux, Cocteau : les grandes amitiés d'André Fraigneau », *Le Figaro*, no 14299, 16 août 1990, p. 23.

FRANK, Bernard, « Loin de la Roumanie », *Le Nouvel Observateur*, no 1313, 4–10 janvier 1990, pp. 50-1.

FRANK, Bernard, « Suite et fin et suite enfin », *Le Nouvel Observateur*, no 1317, 1er–7 février 1990, pp. 56-7.

FREITAS, Maria Teresa DE, « De la forme au sens : pour une poétique de la révolution chinoise », pp. 87–96 in *André Malraux: Stylistic Aspects Stylistiques*.

FREITAS, Maria Teresa DE, « Hugo et Malraux : l'écriture de la légende révolutionnaire », *Uniletras*, no 12, 1990, pp. 93–9.   [*Non vérifié.*]

• GAILLARD, Pol. *"L'Espoir", A. Malraux, analyse critique.* Paris, Hatier, 1990. 79 p. (Coll. « Profil »)
Édition antérieure : 1970.

GALANTARIS, Christian, « Malraux (Georges André) », pp. 813–6 in *Dictionnaire des ministres : de 1789 à 1989* (Sous la direction de Benoît YVERT. Préface de Jean TULARD. Paris, Perrin, 1990. 1028 p.).

GARETH, Thomas. *The Novel of the Spanish Civil War (1936–1975).* New York, Cambridge University Press, 1990. 350 p.
Nombreuses références à Malraux.

GERMAIN-THOMAS, Olivier, « Tadao Takemoto, *André Malraux et la cascade de Nachi* », *La Nouvelle revue française*, n° 444, janvier 1990, p. 118.

GIROUD, Françoise. *Leçons particulières.* Paris, Fayard, 1990. 259 p.
Pp. 199–202.
Voir : 1992 GIROUD.

GLENDINNING, Nigel, « Malraux and Spanish Art », pp. 28–43 in *Une "Confrontation de métamorphoses"...*

● GODARD, Henri. *L'Autre face de la littérature. Essai sur André Malraux et la littérature.* Paris, Gallimard, 1990. 195 p. (Coll. « l'Infini »)

GOLSAN, Richard J., « Countering *L'Espoir:* Two French Fascist Novels of the Spanish Civil War », pp. 43–53 in *The Spanish Civil War in Literature* (Edited by Janet PÉREZ *and* Wendell AYCOCK. Texas, Texas Tech University Press, 1990. 178 p. [Coll. « Studies in contemporary literature »]).

GRAVOT, Robert, « André Malraux et *Les Voix du silence* », pp. 181–212 in *Conférences. Pascal, Péguy, Saint-John Perse, Teilhard de Chardin, Malraux, Imago Mundi* (Préface de Paul RICOEUR. Biographie par Maurice GRAVOT. Brest - Paris, Éditions de la Cité, 1990. 222 p.).

GREENFELD, Anne, « Kama, Gisors, Clappique: the Artist, the Critic and the Monkey in *La Condition humaine* », pp. 51–5 in *André Malraux: Stylistic Aspects Stylistiques.*

GUYARD, Marius-François, « Malraux rencontre Péguy », pp. 427–32 in *Mélanges Simon Jeune* (Bordeaux, Société des bibliophiles de Guyenne, 1990. 470 p.). →

Déjà paru dans *Revue d'histoire littéraire de la France*, nᵒˢ 60-61, 1980, pp. 427–31.
Voir : 1992 [GUYARD].

HARRIS, Geoffrey T., « Malraux André », pp. 260-1 in *Biographical dictionary of French political leaders since 1870* (Edited by David SCOTT, Douglas JOHNSON *and* Peter MORRIS. London - New York - Toronto, Harvester, Wheatsheaf, 1990. XXIX-888 p.).

HARRIS, Geoffrey T., « Écriture romanesque, écriture historique », pp. 3–11 in *Littérature et révolution en France* (Textes réunis par Geoffrey T. HARRIS *et* Peter Michael WETHERILL. Amsterdam, Rodopi, 1990. 308 p. [Coll. « Faux Titre »]).

● HARRIS, Geoffrey T.. *De l'Indochine au R.P.F. Une continuité politique. Les romans d'André Malraux*. Toronto, Éditions Paratexte, 1990. 223 p.

HINA, Horst, « G. Harris, *De L'Indochine au RPF...* », *Romanische Forschungen*, Bd. 102. Heft 4, 1990, pp. 473–5.

HOUBERT, Olivier, « La Littérature et l'exigence spirituelle. André Malraux, François Augiéras », *La Nouvelle revue française*, nᵒ 448, mai 1990, pp. 89–94.
Voir : 1996 HOUBERT.

HUBERT, Renée, « Fernand Léger, lecteur de Malraux », pp. 92–103 in *Une "Confrontation de métamorphoses"...*

IVALDI, Martha, « The Question of Malraux's Essays in English », pp. 137–46 in *André Malraux: Stylistic Aspects Stylistiques*.

JAMES, Geneviève, « L'Orient ou le signe de la fiction », pp. 27–34 in *André Malraux: Stylistic Aspects Stylistiques*.

JÜNGER, Ernst, *Journaux de guerre*. Trad. de l'allemand par Maurice BETZ, Frédéric DE TOWARNICKI, Henri PLARD. Préface de Jacques BRENNER. Paris, Julliard, 1990. 779 p. (Coll. « Papier d'identité »)
Plusieurs références à Malraux.

JURT, Joseph, « Le Dernier survivant de *L'Espoir* », *Liber*, nᵒ 6, décembre 1990, p. 11.
Repris dans *Le Monde*, nᵒ 14272, 15 décembre 1990, p. 11.

KHÉMIRI, Moncef, « André Malraux et les arts du Moyen Âge », pp. 121–37 in *Une "Confrontation de métamorphoses"*...

• KIM, Woog-Kwon. *Quête et structuration du sens dans l'univers romanesque d'André Malraux*. Thèse de Doctorat Nouveau Régime en Lettres Modernes, sous la direction de Robert Bessède. Montpellier III, 1990. XI-547 f.
Thèse consultable à Montpellier-BU Lettres : TL90.MON-30.b.

KOWALSKY, Linda-Marie K., « André Malraux: Reader in Faulkner's Style ; Malrucian Stylistic Theory and Application », pp. 1–10 in *André Malraux: Stylistic Aspects stylistiques*.

LARROQUE, Colette, « André Malraux (1901–1976) », pp. 491–3 in *Cinquantenaire de l'Ordre de la Libération : 1990* (Édité par Michelle MICHEL. Paris, Musée de l'Ordre de la Libération. 1990. 607 p.)
À la page 10 un texte de Malraux « L'Ordre de la Libération », transcrit par Michelle Michel avec l'accord d'Albert Beuret (exécuteur testamentaire) d'après l'interview accordée à Mme Anglade, émission télévisée du 17 juin 1971.

• LÈQUES, Raymond. *Senghor-Malraux, où la coopération a-t-elle capoté ? 1 : Le Mode culturel choisi au Sénégal était-il adapté ?* Essai. [La Rochelle], R. Lèques, 1990. 45 p.

LOUBET, Jorgelina, « Charles de Gaulle visito por André Malraux », *Boletín de la Academia Argentina de Letras*, Vol. 55, n°s 217-218, July-Dicembre 1990, pp. 321–42.

MACHABÉÏS, Jacqueline, « L'Expression lyrique du mythe de l'aventurier », pp. 75–86 in *André Malraux: Stylistic Aspects Stylistiques*.

MACHABÉÏS, Jacqueline, « Malraux et la "vocation révolutionnaire" », pp. 271–87 in *Littérature et révolution en France* (Textes réunis par Geoffrey T. HARRIS *et* Peter Michael WETHERILL. Amsterdam, Rodopi, 1990. 308 p. [Coll. « Faux Titre »]).

MACHABÉÏS, Jacqueline, « Portrait de l'artiste : le Rembrandt de Malraux », pp. 138–61 in *Une "Confrontation de métamorphoses"*...

McGRATH, Susan McLean, « *Le Temps du mépris:* The Artist in Prison », pp. 43–50 in *André Malraux: Stylistic Aspects stylistiques.*

MADANAGOPALANE, K., « India and Malraux », pp. 269–79 in *India and world literature* (Edited by Abhai MAURYA. New Delhi, Indian Council for Cultural Relations, 1990. 702 p.).

• MADSEN, Axel. *Silk Roads: the Asian Adventures of Clara and André Malraux.* London, Tauris, 1990. 299 p.
  Initialement paru : New York, Pharos, 1989.

MAURIAC, François. *Nouveaux Mémoires intérieurs*, in *Œuvres autobiographiques* (Édition présentée et annotée par François DURAND. Paris, Gallimard, 1990. LXXXV-1293 p. [Coll. « Bibliothèque de la Pléiade »]).
  Pp. 717–9 : « De Gaulle et Malraux ».
  Déjà paru dans *Le Figaro* [*littéraire*], n° 637, 5 juillet 1958, p. 1.
  Déjà paru également pp. 355–8 in *Charles de Gaulle* (Paris, L'Herne, 1973 [Coll. « Cahiers de l'Herne »]).

MESNARD, André-Hubert. *Droit et politique de la culture.* Paris, Presses Universitaires de France, 1990. 487 p. (Coll. « Droit fondamental. Droit politique et théorique »)
  Pp. 97–102 : « Le Ministère d'État des Affaires culturelles avec André Malraux (1959–1969) ».

MICHALCZYK, John J., « Malraux's "Oraison funèbre" for Jean Moulin », pp. 119–24 in *André Malraux: Stylistic Aspects Stylistiques.*

MICHALCZYK, John J., « Malraux's film *Espoir:* The Aesthetic Mind and Political Context », pp. 7–13 in *The Spanish Civil War and the Visual Arts* (Edited by Kathleen VERNON. Ithaca, Center for International Studies, Cornell University, 1990. 147 p. [Coll. « Western Societies. Program occasional Paper »]).

MOATTI, Christiane, « L'Engagement en acte », pp. 248-9 in *Le Grand Atlas des littératures* (Paris, Encyclopædia Universalis, 1990. 435 p. [Coll. « Les Grands Atlas Universalis »]).
  Voir : 1992 MOATTI.

MOATTI, Christiane, « L'Auteur et ses manuscrits : le mode de composition chez André Malraux », pp. 145–64 in *Sur la génétique textuelle* (Études réunies par David G. BEVAN *and* Peter Michael WETHERILL. Amsterdam, Rodopi, 1990. 205 p. [Coll. « Faux titre »]).

MOFFITT, John F., « André Malraux and the Dama de Elche », pp. 73–87 in *Une "Confrontation de métamorphoses"*...

MONTAIGU, Henry, « Malraux à Boulogne », *92 Express*, n° 17, décembre 1990-janvier 1991, p. 114.

MONTEATH, Peter, « The Spanish Civil War and the Aesthetics of Reportage », pp. 69–84 in *Literature and War* (Edited by David G. BEVAN. Amsterdam, Rodopi, 1990. 209 p. [Coll. « Rodopi Perspectives on Modern Literature »]).

MONTGOMERY, Helene Ramos. *Aspects du mythe chez Michel Tournier.* The University of North Carolina at Chapel Hill, Ph.D., sous la direction de Carol L. Sherman, 1990. 155 f.
Nombreuses références à Malraux.
Voir : 1991 MONTGOMERY.

MORLINO, Bernard. *Emmanuel Berl : les tribulations d'un pacifiste.* Paris, La Manufacture, 1990. 414 p. (Coll. « Les Classiques de la Manufacture »)
Nombreuses références à Malraux.

MOROT-SIR, Édouard, « Dialogues between Painting and Narrative: From Goya to Malraux », pp. 23–41 in *The Spanish Civil War in literature* (Edited by Janet PÉREZ *and* Wendell AYCOCK. Texas, Texas Tech University Press, 1990. 178 p. [Coll. « Studies in comparative literature »]).

MOROT-SIR, Édouard, « André Malraux et le discours politique culturel », pp. 181–91 in *Une "Confrontation de métamorphoses"*...

NADEAU, Maurice. *Grâces leur soient rendues : mémoires littéraires.* Paris, Albin Michel, 1990. 481 p.
Pp. 105–37 : « Pascal Pia ».

NOUSS, Alexis, « Dire la mort : les oraisons funèbres », pp. 125–36 in *André Malraux: Stylistic Aspects Stylistiques.*

PANNIER, Daniel, « André Malraux et Marcel Arland », *Cahiers Marcel Arland*, n° 1, 1990, pp. 233–44.

PFAFF, William, « A Critic at Large: L'homme engagé », *The New Yorker*, Vol. 66, no. 21, July 9, 1990, pp. 83–91.

PRYCEJONES, D., « Silk Roads - *The Asian Adventures of Malraux* », *Times Literary Supplement*, no. 4548, January 1, 1990, p. 577.

PUTMAN, Walter C., « Walter Langlois, "Via Malraux" », *The French Review*, Vol. 63, no. 3, February 1990, p. 535.

RIGAUD, Jacques. *Libre culture*. Paris, Gallimard, 1990. 443 p. (Coll. « Le Débat »)
    Pp. 61–71 : « De Gaulle et Malraux les fondateurs ».

RIOUX, Jean-Pierre, « La Création du ministère de la Culture », *Vingtième Siècle*, n° 27, juillet–septembre 1990, pp. 115-6.

ROUART, Jean-Marie, « Dix livres pour l'an 2000 : *La Condition humaine* d'André Malraux », *L'Événement du jeudi*, n° 314, 8–14 novembre 1990, p. 123.

ROUSSO, Henry. *Le Syndrome de Vichy : de 1944 à nos jours*. Paris, Seuil, 1990. 414 p. (Coll. « Point. Histoire »)
    Pp. 105–11.
    Nouvelle édition de : *Le Syndrome de Vichy (1944–198...)*. Paris, Seuil, 1987 (Coll. « XXe siècle ») (pp. 99–105).

SAID KADHIM, Walaia. *Le Thème de la résistance dans la littérature française 1940–1945 : analyse thématique de quelques œuvres de Vercors, Romain Gary, Jean-Louis Bory, Armand Salacrou, Jean-Paul Sartre et André Malraux*. Thèse de Doctorat de 3e cycle, sous la direction de Tadeusz Kowazan. Caen, 1990. 345 f.
    Thèse consultable à Caen - BU Droit Lettres : D.124.

SAINT ROBERT, Philippe DE. *De Gaulle. Références. Malraux, Mauriac, Montherlant et autres textes*. Paris, Gréco, 1990. 104 p. (Coll. « Gréco littéraire »)
    Pp. 21–38 : « De Gaulle, Malraux, deux écrivains, deux écritures ».

SALA I NOGUER, Ramon. *Cinema of the Spanish republic, 1936–1939. (El cine en La Espagña Republica, 1936–1939)*.
    Nombreuses références à Malraux.
    Voir : 1992 SALA I NOGUER.

SCHMIGALLE, Günther, « André Malraux y la guerra de España », *Journal of Interdisciplinary Literary Studies*, Vol. 12, no. 2, 1990, pp. 175–186.

SCHOBER, Angelika. *Nietzsche et la France. Cent ans de réception française de Nietzsche.* Thèse de Doctorat d'État en Lettres Modernes, sous la direction de Francis Muller. Université de Paris X-Nanterre, 1990. 676 f.
> Thèse consultable à Nanterre BU - Paris X : T 90 PA 10-89
> Nombreuses références à Malraux.

SHIMIZU, Masako, « Andore Maruro ni okeru 'shi' no igi ni tsuite : Seifukusha kara kibo ni itaru shosetsu sekai o chushin to shite », *Études de langue et littérature françaises*, n° 57, 1990, pp. 48–57.

SIPRIOT, Pierre. *Montherlant sans masque.* 2 : *« Écris avec ton sang », 1932–1972.* Paris, R. Laffont, 1990. 505 p. (Coll. « Biographies sans masque »)
> Quelques références à Malraux.

SIRINELLI, Jean-François. *Intellectuels et passions françaises. Manifestes et pétitions au XXᵉ siècle.* Paris, Fayard, 1990. 365 p. (Coll. « Nouvelles études historiques »)
> Pp. 59–62 : « L'Affaire Malraux ».
> Voir : 1996 SIRINELLI.

STÉPHANE, Roger, « Malraux : dialogue sur les hauteurs », *L'Express*, n° 2028, 18 mai 1990, pp. 194–8.

STÉPHANE, Roger, « André Malraux. *L'Indochine enchaînée* », *Gulliver*, n°s 2-3, juin 1990, pp. 203–23.

SUDREAU, Pierre. *Au-delà de toutes les frontières.* Paris, Odile Jacob, 1991. 367 p.
> P. 100 : « Avec Malraux ».
> Pp. 262-3 : « Malraux, l'art et la mort ».

TERRASSE, Antoine, « La Méditation de toute une vie », pp. 17–22 in *Une "Confrontation de métamorphoses"...*

● THÉRON, Michel. *Une Initiation à l'art : Malraux et l'image.* Montpellier, Centre régional de documentation pédagogique [CRDP], 1990. 320 p.
> Édition antérieure : 1987.
> Voir : 1991 THÉRON.

THORNBERRY, Robert S., « Forme et modernité de *La Tentation de l'Occident* », pp. 11–8 in *André Malraux: Stylistic Aspects Stylistiques.*

THORNBERRY, Robert S., « Éléments de bibliographie : ouvrages consacrés à l'art », pp. 196–219 in *Une "Confrontation de métamorphoses"...*

THUMEREL, Fabrice, « Héros et antihéros dans le roman moderne (II) V : "Le sacrifice héroïque de Katow" », *L'École des lettres* (II), n° 3, 15 octobre 1990, pp. 29–35.

TISON-BRAUN, Micheline. *Le Moi décapité. Le problème de la personnalité dans la littérature française contemporaine.* New York - Bern - Paris, Peter Lang, 1990. 430 p. (Coll. « Reading plus »)
Pp. 136–78, 188–207, 242-3, 414–23.

TRÉCOURT, François, « Écriture de *L'Espoir* », pp. 107–11 in *André Malraux: Stylistic Aspects Stylistiques.*

TUCCI, Nina, « The Role of the Shaman », pp. 35–41 in *André Malraux: Stylistic Aspects Stylistiques.*

• *Une "Confrontation de métamorphoses" : essais sur Malraux et la création artistique.* Réunis par Robert S. THORNBERRY / *A "Confrontation of Metamorphoses": Essays on Malraux and the Creative Process.* Collected by Robert S. THORNBERRY. [Edmonton], R.S. Thornberry, 1990. 207 p. (Coll. « Monographies RAMR »)
Deuxième numéro spécial de la *Revue André Malraux Review*, Vol. 21, no. 2 ; Vol. 22, no. 1-2, 1989-1990.
Voir : CHAN, CÔTÉ, GLENDINING, HUBERT, KHÉMIRI, MACHABÉÏS, MOFFITT, MOROT-SIR, TERRASSE, THORNBERRY, ZARADER.

VARGAS LLOSA, Mario. *Contra viento y marea.* I : *1962–1972.* Barcelona, Seix Barral, 1990. 374 p. (Coll. « Biblioteca breve »)
Pp. 195–9 : « *Las Antimemorias* de Malraux ».

VERNY, Françoise. *Le Plus beau métier du monde.* Paris, Olivier Orban, 1990. 458 p.
Pp. 213–27 : « Les Arbres de Verrières ».
Voir : 1991 VERNY.

VILLANI, Sergio, « L'Aquarium dans *L'Espoir* », pp. 113–8 in *André Malraux: Stylistic Aspects Stylistiques.*

VINTI, Claudio, « Temi e motivi malruciani nelle "Nuit sur le monde" »,
pp. 267–83 in *Umanesimo e "mediterraneità" di Emmanuel Roblès*
(Atti del Colloquio Internazional, Palermo, 20–24 maggio 1987 / a
cura di Giovanni SAVERIO SANTANGELO. Palermo, Palumbo, 1990.
370 p. [Coll. « Nouveaux rivages »]).

WILHELM, Bernard, « L'Intrusion d'un maître de style dans *La Condition
humaine* », pp. 57–74 in *André Malraux: Stylistic Aspects
stylistiques*.

ZARADER, Jean-Pierre, « *André Malraux, Unité de l'œuvre, unité de
l'homme.* Colloque sous la direction de Christiane MOATTI *et* David
BEVAN (la Documentation française) », *Europe*, n° 732, avril 1990,
pp. 216-7.

ZARADER, Jean-Pierre, « La Pensée de l'art : André Malraux dans le
miroir de Hegel », pp. 165–80 in *Une "Confrontation de métamorphoses"*...

1991

6 janvier : Entretien avec Pierre Braunberger sur son projet de film sur les chars d'assaut, d'après un scénario de Malraux (« Mémoire du siècle », France Culture ; première diffusion le 28 août 1987).

15 mai : Roger Stéphane évoque son amitié (« À voix nue », France Culture).

Printemps : Interview du 19 décembre 1973 (Verrières-le-Buisson) par Sonja Popović-Zadrović, publiée dans *Revue André Malraux Review*, Vol. 23, no. 1-2, Spring-Fall 1991, pp. 131–43.

Octobre : André MALRAUX, ***Vie de Napoléon par lui-même*** (préface de Jean Grosjean, postface de Philippe Delpuech. Paris, Gallimard, 1991). Cette curieuse "autobiographie" de 375 pages a été publiée par Malraux anonymement en 1930.

17 novembre : Alain Dugrand (« Pentimento », France Inter), parle de l'influence que *L'Espoir* de Malraux a eue sur lui, et de son rejet postérieur de ce livre. Il évoque également le Malraux des années 30, ses rapports avec l'anarchisme et sa place dans la guerre d'Espagne.

22 novembre : Sous le titre « La Condition surhumaine », *L'Express* publie des extraits d'une entrevue inédite d'André Malraux avec Roger Stéphane à propos de Napoléon Ier (n° 2106, 22–29 novembre 1991, pp. 163–6).

20 décembre : Les Maisons de la Culture (Guy Retoré : « À tout cœur », Radio Bleue).

24 décembre : Les évocations de la photographe Gisèle Freund (« Du jour au lendemain », France Culture).

Au cours de l'année : Kenneth Murphy traduit *La Condition humaine* (***Man's Fate***) et *L'Espoir* (***Man's Hope***), en anglais (New York, Grove Weidenfeld. 896 p.)

Au cours de l'année : Rediffusion de « Quatre croisades d'André Malraux », enregistrement de Jean Montalbetti (1982) par Radio-France.

*

(classement alphabétique des périodiques contenant des contributions anonymes)

Gazette du Palais (1991)

***, « Les Opérations immobilières sous l'empire de la loi Malraux et de la loi Pons » (Vol. 111, n° 6, novembre-décembre, pp. 685–714).

The Hemingway Review (1991)

***, « Have you read this one ? » (Vol. 10, no. 2, Spring, p. 83).

*

ADE, Ojo S., « André Malraux et Sembène Ousmane : peintres du prolétaire », *Neohelicon*, Vol. 18, n° 1, 1991, pp. 117–54.

● *André Malraux 8 : "L'Imaginaire de l'écriture"*. Textes réunis et présentés par Christiane MOATTI. Paris - Caen, Lettres Modernes, 1991. 236 p. (Coll. « La Revue des lettres modernes », Série *André Malraux*)
    Voir : BOURREL, DEMASY-AGBADJE, FREITAS, GUÉRIN, HARRIS, MCGILLIVRAY, MACHABÉÏS, MOATTI, MORAWSKI, MOROT-SIR, MOSSUZ-LAVAU, REY, SAINT-CHERON, TISON-BRAUN, ZARADER.

ANEX, Georges, « La Terre insolite », pp. 119–25 in *"Hommage à André Malraux (1901–1976)"*.

ASANO, Tomoko, « Andore Maruro no bannen no sekaikan : Bukkyo o chushin ni », *Études de langue et littérature françaises*, n° 59, 1991, pp. 39–50.

BALITAS, V.[incent] D., « Murphy, Kenneth. *Man's Fate, Man's Hope: The Life of Andre Malraux* », *Library Journal*, Vol. 116, no. 12, January 1991, p. 108.

BALSAMO, Isabelle, « "Comme le coq du clocher..." André Chastel et l'inventaire général », *Revue de l'art*, n° 93, 1991, pp. 42-3.

● BARTA, Micheline. *Malraux : de la condition humaine à l'humanisme*. Concordia University [Canada], 1991. 136 f.
    Voir : 1993 BARTA.

BÉRARD, Ewa. *La Vie tumultueuse d'Ilya Ehrenbourg : Juif, Russe et Soviétique*. Préface de Efim ETKIND. Paris, Ramsay, 1991. 375 p. (Coll. « Documents et essais »)
    Pp. 168–74 : « Malraux et Ehrenbourg ».
    Pp. 174–81 : « Les écrivains mobilisés : Congrès à Moscou... ».
    Pp. 181–3 : « ... et Congrès de Paris ».
    Pp. 201–4 : « Le congrès des écrivains pour la défense de la culture ».

BERTAGNA, Louis, « Il a vécu jusqu'à sa mort », pp. 95–114 in *"Hommage à André Malraux (1901–1976)"*.

● BEVAN, David G.. *Invincible Dialogue: Malraux, Michelangelo and Michelet*. Amsterdam, Rodopi, 1991. 108 p. (Coll. « Faux titre »)

BLANC, Liliane. *Elle sera poète, elle aussi ! les femmes et la création artistique*. Montréal, Le Jour, 1991. 239 p.
> Pp. 131–52 : « Les muses créatrices. Clara Malraux, la muse mal aimée ».

BLIN, Roger, « Témoignages », pp. 37–[44] in *La Bataille des "Paravents" : Théâtre de l'Odéon, 1966* (Dossier établi et présenté par Lynda BALLITY PESKINE *et* Albert DICHY ; avec des textes et des documents inédits de André Acquart, Roger Blin et Jean Genet. Paris, IMEC, 1991. 95 p. [Coll. « Empreintes »]).
> Extraits de : Roger BLIN, *Souvenirs et propos*, recueillis par Lynda BALLITY PESKINE. Paris, Gallimard, 1986.
> Sur Malraux et sa prise de position sur la pièce de Jean Genet, *Les Paravents*.

BOAK, Denis, « Sartre and Malraux », *Journal of European Studies*, Vol. 21, no. 83, September 1991, pp. 189–200.

BOCKEL, Pierre, « Malraux et la foi », pp. 38–52 in *"Hommage à André Malraux (1901–1976)"*.

BONAFOUX, Pascal / JACOB, Véronique, « "Une machine à réfléchir" », p. 86 in *"Malraux, dandy, guerrier et visionnaire"*.

BOURREL, Jean-René, « *Via Malraux*. Écrits de Walter Langlois réunis par David Bevan. The Malraux Society, Acadia University, 1986, 330 p. », pp. 204–6 in *André Malraux 8...*

BOURREL, Jean-René, « *André Malraux : unité de l'œuvre, unité de l'homme*. Actes du colloque sous la direction de Christiane Moatti et David Bevan, Centre Culturel International de Cerisy-la-Salle (7–17 juillet 1988) Paris, La Documentation française, 1989, 381 p. », pp. 209–11 in *André Malraux 8...*

BRENNER, Jacques, « Des liens confraternels aux passions fraternelles », *Le Figaro* [*littéraire*], n° 14441, 28 janvier 1991, p. 3.

BRENNER, Jacques, « Des manies d'écrivains aux manières d'écrire », *Le Figaro* [*littéraire*], n° 14548, 3 juin 1991, p. 3.

CAUNE, Jean, « De Gaulle, Malraux et les institutions culturelles ou l'administration d'une certaine idée de la France », pp. 163–75 in *De Gaulle et les écrivains* (Textes édités par Jean SERROY. Préface de Régis DEBRAY, commentaire de Jean LACOUTURE. Grenoble, Presses Universitaires de Grenoble, 1991. 207 p.).

CAZENAVE, Michel, « De Gaulle, un lien féodal », p. 82 in *"Malraux, dandy, guerrier et visionnaire"*.

CÉLINE, Louis-Ferdinand. *Lettres à la « NRF » : 1931–1961.* Édition établie, présentée et annotée par Pascal FOUCHÉ. Préface de Philippe SOLLERS. Paris, Gallimard, 1991. XXI-617 p.
Nombreuses références à Malraux.

CHAGALL, Marc, « Comme un feu », pp. 7-8 in *"Hommage à André Malraux (1901–1976)"*.

CHATWIN, Bruce. *Qu'est-ce que je fais là.* Trad. de l'anglais par Jacques CHABERT. Paris, B. Grasset, 1991. 344 p.
Pp. 108–27 : « André Malraux ».
[« Traduction réalisée partiellement à l'aide des bandes originales de l'interview de 1974 aimablement prêtées par Elizabeth Chatwin. »]
Initialement : *What am I doing here.* New York, Viking, 1989. 367 p.
Pp. 114–35 : "André Malraux".
Voir : 1994 CHATWIN.

CHEBEL D'APPOLLONIA, Ariane. *Histoire politique des intellectuels en France (1944–1954).* T. I : *Des lendemains qui chantent.* Bruxelles, Éditions Complexe, 1991. 218 p. (Coll. « Questions au XXe siècle »)
Nombreuses références à Malraux.

CHEBEL D'APPOLLONIA, Ariane. *Histoire politique des intellectuels en France (1944–1954).* T. II : *Le Temps de l'engagement.* Bruxelles, Éditions Complexe, 1991. 342 p. (Coll. « Questions au XXe siècle »)
Pp. 73–6 : « Général, nous voilà ».

CHESSEX, Jacques, « L'Inattendu », pp. 126–8 in *"Hommage à André Malraux (1901–1976)"*.

CISMARU, Alfred, « The Anti-Destiny of Malraux's *Anti-Mémoires* », *Dalhousie Review*, Vol. 70, no. 4, Winter 1991, pp. 526–34.

CLAVEL, André, « Les Écrivains dans la mitraille : ceux que la guerre fait jouir, ceux qu'elle fait vomir », *L'Événement du jeudi*, n° 323, 10–16 janvier 1991, pp. 54–6.

CLERVAL, Alain, « Un Autre Flaubert ? », pp. 129–34 in *"Hommage à André Malraux (1901–1976)"*.

COLLOMB, Michel, « Une Note inédite de Paul Morand sur André Malraux en Indochine », *Les Cahiers de l'exotisme*, n° 6, avril–juin 1991, pp. 31–3.

CONTAT, Michel, « Au fil des lectures critiques de la littérature », *Le Monde* [*des livres*], n° 14295, 11 janvier 1991, p. 20.
  C. r. de 1990 GODARD, *L'Autre face de la littérature*.

COPEAU, Jacques. *Journal 1901–1948*. Texte établi, présenté et annoté par Claude SICARD. Paris, Seghers, 1991. 792 p. (Coll. « Pour mémoire »)
  Pp. 363-4.

CÔTÉ, Paul Raymond, « Le Prétexte visible ou l'expression picturale dans l'œuvre romanesque de Malraux », *The French Review*, Vol. 64, no. 4, May 1991, pp. 944–55.

COURTOIS, Stéphane, « *La Condition humaine*. Enquête sur Jean Cremet », *Le Monde*, n° 14385, 26 avril 1991, p. 21.
  C. r. de 1991 FALIGOT, *As-tu vu Cremet ?*

CZAPSKI, Józef. *Tumulte et spectres*. Trad. du polonais par Thérèse DOUCHY. Montricher (Suisse), Éditions Noir sur blanc, 1991. 339 p.
  Pp. 321–6 : « Malraux (1977) ».

• DAO, Vinh. *André Malraux ou la quête de la fraternité*. Genève, Droz, 1991. 335 p.

DELPUECH, Philippe, « André Malraux et la N.R.F. », p. [4] in *"Malraux"*.

DEMASY-AGBADJE, Rose-Hélène, « Aspects du symbole de l'animal chez André Malraux », pp. 185–201 in *André Malraux 8...*

DEMIROGLOU, Élisabeth, « La Persistance de la mort dans les "Écrits farfelus" d'André Malraux et la découverte de la vérité de la vie. 1re partie », *Racine*, n° 15, mai 1991, pp. 26–32.
  Voir : 1994 DEMIROGLOU, 2e partie.

DEVARRIEUX, Claire, « Plans de Paris. Pont-Neuf. Passage des écrivains dans les rues et les espaces publics », *Libération*, n° 3134, 20 juin 1991, p. 32.

DROUIN, Daniel / JACOB, Véronique, « Le Dialogue avec Napoléon », p. 88 in *"Malraux, dandy, guerrier et visionnaire"*.

DUGRAND, Alain, « Le "coronel" », p. 85 in *"Malraux, dandy, guerrier et visionnaire"*.

DUHAMEL, Alain. *De Gaulle - Mitterrand : la marque et la trace*. Paris, Flammarion, 1991. 232 p.
Pp. 117–39 : « Malraux et Lang : les deux cultures ».

DURANCE, Alain, « La Restauration immobilière des quartiers anciens », *Gazette du Palais*, n° 111, novembre-décembre 1991, pp. 687–703.

• *Éléments de chronologie sur les débuts du ministère de la culture : le ministère Malraux 1959–1969, Ministère de la culture*. Département des études et de la prospective. Paris, Ministère de la culture, 1991. 41 p.
Voir : 1996 *Éléments...*

ENCKELL, Pierre, « Un Inédit sort de l'ombre. Le Napoléon d'André Malraux », *L'Événement du jeudi*, n° 366, 7–13 novembre 1991, pp. 106–11.

ENGEL, Vincent, « G. T. Harris, *De l'Indochine au R.P.F.* », *Les Lettres romanes*, t. 45, n° 4, novembre 1991, pp. 386-7.

FALIGOT, Roger *et* Rémi KAUFFER. *As-tu vu Cremet ?* Paris, Fayard, 1991. 534 p.
Pp. 341-3, 348–55, 367–70, 373–5.

FAUCHEREAU, Serge. *Peintures et dessins d'écrivains*. Paris, Belfond, 1991. 223 p.
Quelques références à Malraux.

FAVRE, Yves-Alain, « Suarès, Malraux et Goya », pp. 173–80 in *Écrire la peinture* (Colloque de 1987 [Londres], organisé par l'Institut français du Royaume-Uni et le King's College. Textes réunis et présentés par Philippe DELAVAU. Paris, Éditions Universitaires, 1991. 273 p.).

FITCH, Brian T., « The Fictive Referent at One Remove: Malraux's Revolutionary Novels », pp. 47–61 in *Reflections in the Mind's Eyes: Reference and Its Problematization in Twentieth Century French Fiction* (Toronto, University of Toronto Press, 1991. XII-234 p. [Coll. « Theory/Culture series »]).

FOULON, Charles-Louis, « Des Beaux-Arts aux Affaires culturelles. Les actes du pouvoir gaulliste et les structures du ministère de 1959 à 1969 », *Administration*, n° 151, avril 1991, pp. 13–8.

France and the Mass Media. Edited by Briand RIGBY *and* Nicholas HEWITT. London, McMillan Press, 1991. XI-238 p. (Coll. « Warwich Studies in the European Humanities »)
Nombreuses références à Malraux.

FRANK, Bernard, « À la source de la cascade. Souvenirs d'un japonisant », pp. 78–86 in *"Hommage à André Malraux (1901–1976)"*.

FRANK, Bernard, « C'est Malraux que j'interroge », p. 89 in *"Malraux, dandy, guerrier et visionnaire"*.

FRANK, Bernard. *Le Panthéon bouddhique au Japon : collections d'Émile Guimet.* Paris, Réunion des Musées nationaux, 1991. 335 p.
Pp. 53–6.

FREITAS, Maria Teresa DE, « L'Irruption de l'irrationnel dans l'Histoire », pp. 89–110 in *André Malraux 8...*

FREITAS, Maria Teresa DE, « Ficção e História na autobiografia francesa contemporânea : Cendrars, Malraux et Modiano », pp. 85–90 in *Anais do 2º Congresso da Associação Brasileira de Literatura Comparada* (Belo Horizonte, Universidade Federal de Minas Gerai, 1991). *[Non vérifié.]*

FUMAROLI, Marc. *L'État culturel. Essai sur une religion moderne.* Paris, Éditions de Fallois, 1991. 305 p.
Pp. 27–35 : « Le Décret fondateur ».
Pp. 115–32 : « André Malraux et la religion culturelle ».
Voir : 1992 FUMAROLI.

GASCOIGNE, David, « *Les Noyers de l'Altenburg:* Malraux and 1940 », pp. 35–45 in *France 1940: Literary and Historical Reactions to Defeat* (Edited by Anthony Chean PUGH. Durham, England, University of Durham, 1991. 129 p. [Coll. « Durham French Colloquies »]).

GASPAR, Lorand, « Pour accompagner Malraux », pp. 135–8 in *"Hommage à André Malraux (1901–1976)"*.

GERMAIN-THOMAS, Olivier, « Sur les routes d'Asie. De Marx au Bouddha », p. 81 in *"Malraux, dandy, guerrier et visionnaire"*.

• *Globe* Voir *"Malraux, dandy, guerrier et visionnaire"*.

GREENE, Robert W., « The Baron of Clappique: Malraux through the Looking-Glass », *Revue André Malraux Review*, Vol. 23, no. 1-2, Spring-Fall 1991, pp. 53–68.

GREENEFELD, Anne, « From Solitary Confinement to Fraternité Virile: Kassner's Resurrection in *Le Temps du mépris* », *LittéRéalité*, Vol. 3, no. 2, Automne 1991, pp. 77–84.

GROSJEAN, Jean, « Un Art de brusqueries éclatantes », p. [4] in *"Malraux"*.
> Extrait de la préface à *Napoléon par lui-même* d'André Malraux.

GROVER, Frédéric, « Entretien sur Maurice Barrès », pp. 18–30 in *"Hommage à André Malraux (1901–1976)"*.
> Cet entretien avec Malraux date du 9 juillet 1968.

GUÉRIN, Jeanyves,
> « Raphaël Aubert, *L'Absolu et la métamorphose*, Genève : Labore et Fides, 1985 », p. 217
> « *De Gaulle et Malraux*. Colloque organisé par l'Institut Charles de Gaulle les 13, 14 et 15 novembre 1986, Paris, Plon, 1987 », pp. 228-9
in *André Malraux 8...*

HARRIS, Geoffrey T., « Alain Malraux. *Les Marronniers de Boulogne. Malraux "mon père"*. Paris, Ramsay/de Cortanze, 1989 », pp. 214–7 in *André Malraux 8...*

HILDEN, Patricia *and* Timothy J. REISS, « Discourse, politics, and temptation of the enlightenment: Paris, 1935 », pp. 61–78 in *Engagement. French Cultural Politics in the Thirties* (Detroit, Wayne State University Press, 1991. 257 p.).

• *"Hommage à André Malraux (1901–1976)"*, *La Nouvelle revue française*, 1991, 185 p.
> Reproduction photomécanique de *La Nouvelle revue française*, n° 295, juillet 1977.
> Voir : ANEX, BERTAGNA, BOCKEL, CHAGALL, CHESSEX, CLERVAL, FRANK, GASPAR, GROVER, JURDIN, LACOUTURE, MALLET, MARISSEL, MAULPOIX, MÉDOUX, MOINOT, PONGE, SEGNAIRE, TERRASSE.

JAMBET, Christian, « "Rompre la nécessité apparente du cours du monde" », p. [3] in *"Malraux"*.

JAY, Salim. *Les Écrivains sont dans leur assiette*. Paris, Seuil, 1991. 186 p. (Coll. « Point-virgule »)
P. 151 : « Malraux réplique entre ses dents ».
P. 162 : « Pompidou avec Malraux ».

JOSEPH, Gilbert. *Une si douce Occupation : Simone de Beauvoir et Jean-Paul Sartre, 1940–1944*. Paris, A. Michel, 1991. 380 p.
Nombreuses références à Malraux.

JURDIN, Roger, « Malraux vu par six lucarnes », pp. 139–49 in *"Hommage à André Malraux (1901–1976)"*.

KATTAN, Naïm, « Malraux et le Japon », *Revue André Malraux Review*, Vol. 23, no. 1-2, Spring-Fall 1991, pp. 123–6.

KNAPP, Bettina. *Exile and the Writer. Exoteric and Esoteric Experiences. A Jungian Approach*. University Park [Pa.], The Pennsylvania State University Press, 1991. 253 p.
Pp. 93–110 : « Malraux's *The Royal Way:* Heroes in Exile ».

KOGER, Grove, « Tannery, Claude. *Malraux, the Absolute Agnostic ; or, Metamorphosis as Universal Law* », *Library Journal*, Vol. 116, no. 12, January 1991, p. 102.

LACOUTURE, Jean, « Un Écrivain et le journalisme », pp. 9–17 in *"Hommage à André Malraux (1901–1976)"*.

• LACOUTURE, Jean. *André Malraux : una vida en el siglo, 1901–1976*. Traducción Pierrete SALAS. Valencia, Editiones Alfons el Magnànim. 1991. 542 p. (Coll. « Colección Debates/biografía »)
Traduction espagnole de LACOUTURE, *André Malraux : une vie dans le siècle*. Paris, Seuil, 1973. 426 p.

• LACOUTURE, Jean. *Enquête sur l'auteur : réponse tardive d'André Malraux sur quelques questions relatives à la condition du journaliste*. Paris, Seuil, 1991. 314 p. (Coll. « Points Actuels »)
Initialement paru : Paris, Arléa, 1989. 315 p.

• LARRAT, Jean-Claude. *André Malraux, théoricien de la littérature. Des "Origines de la poésie cubiste" aux Voix du silence (1920–1951)*. Thèse de Doctorat Nouveau Régime en Lettres Modernes, sous la direction de Marius-François Guyard. Université de la Sorbonne Paris IV, 1991. 719 f.
Thèse consultable à Paris IV - BIU Centrale : TMC 92-326.mc.

• *La Lettre - Grenoble Culture*   Voir *"Malraux"*

LÉVY, Bernard-Henri. *Les Aventures de la liberté : une histoire subjective des intellectuels*. Paris, B. Grasset, 1991. 494 p.

> Pp. 191–4 : « "Une espèce inédite d'écrivains" (Malraux en Espagne) ».
> Pp. 195–207 : « "Écoutez Paul Nothomb" (Malraux en Espagne, suite) ».
> P. 208 : « "La part d'ombre du tableau" (Malraux encore) ».
> Pp. 221-2 : « "Tard dans la Résistance" (Malraux et Josette Clotis) ».
> Pp. 259–71 : « André Malraux, qui semble tourner le dos aux idéaux de sa jeunesse ».
> Voir : 1993 LÉVY.

LEVY, Karen D., « The Metamorphoses of Lazarus: Abjection and Resurrection in *Le Miroir des limbes* », *Revue André Malraux Review*, Vol. 23, no. 1-2, Spring-Fall 1991, pp. 109–22.

LYDECKER, Kent, « Observations on museum use of electronic imaging: today and tomorrow », *Visual Resources*, Vol. 7, no. 4, 1991, pp. 311–7.

MACHABÉÏS, Jacqueline,

> « Place et rôle de l'aveugle dans l'œuvre d'André Malraux », pp. 163–84
> « *Witnessing André Malraux - Visions and Re-visions*. Brian Thompson and Carl A. Viggiani (eds.), Middletown, Wesleyan University Press, 1984 », pp. 223–7
> in *André Malraux 8...*

McGILLIVRAY, Hector, « La Figure de l'artiste supplicié. Éléments du mythe personnel d'A. Malraux », pp. 111–39 in *André Malraux 8...*

MALLET, Robert, « Des images assez puissantes pour nier notre néant », pp. 171–85 in *"Hommage à André Malraux (1901–1976)"*.

• *"Malraux"*, *La Lettre - Grenoble Culture*, numéro spécial *"Malraux"* (Grenoble, Hôtel de Ville et Fnac, décembre 1991). [4 p.].

> Ce dossier a été réalisé en accord avec Mᵐᵉ Florence Malraux et Jean Grosjean, exécuteurs testamentaires de l'auteur. Textes rassemblés par Francis Bueb, directeur de la communication de la Fnac.
> Voir : DELPUECH, GROSJEAN, JAMBET, NOTHOMB, [ROLLAND,] RONDEAU, SEMPRUN, STÉPHANE.

- *"Malraux, dandy, guerrier et visionnaire"*, *Globe*, n° 62, novembre 1991.

  Suite d'articles consacrés à André Malraux, chef de maquis, révolutionnaire, ministre et écrivain. Ce dossier est préparé par la revue *Globe* de la Fnac.

  Voir : BONAFOUX, CAZENAVE, DROUIN, DUGRAND, FRANK, GERMAIN-THOMAS, NOURISSIER, SEMPRUN, SORIN, TERRASSE.

MARISSEL, André, « Entretien du 26 novembre 1975 », pp. 150–9 in *"Hommage à André Malraux (1901–1976)"*.

MAULPOIX, Jean-Michel, « De la métamorphose et de la précarité... », pp. 160–6 in *"Hommage à André Malraux (1901–1976)"*.

MAULPOIX, Jean-Michel. *Histoire de la littérature française. XXe : 1950–1990.* Paris, Hatier, 1991. 448 p. (Coll. « Itinéraires littéraires »)

  Pp. 44–50 : « Malraux ».

MAURIN, Gilbert. *Les Grands écrivains choisis par l'Académie Goncourt.* Vol. VII. Paris, Club France Loisirs, 1991. 167 p.

  Pp. 81–97 : « André Malraux ».

MÉDOUX, Philippe, « Le Bengale », pp. 87–94 in *"Hommage à André Malraux (1901–1976)"*.

- MEYER, Alain. *"La Condition humaine" d'André Malraux.* Paris, Gallimard, 1991. 254 p. (Coll. « Folio », série « Foliothèque »)

MILECKI, Alexandre, « *La Condition humaine* et *L'Espoir* d'André Malraux. Deux visages de l'inquiétude », *Cahiers François Mauriac*, n° 18, 1991, pp. 285–96.

MOATTI, Christiane,

  « La Représentation de la maladie dans l'univers de Malraux », pp. 141–62

  « André Malraux. *Œuvres complètes I...* », pp. 206–9

  in *André Malraux 8...*

- MOATTI, Christiane. *La Condition humaine. André Malraux.* Paris, Nathan, 1991. 141 p. (Coll. « Balises »)

MOINOT, Pierre, « A.M. au jour le jour », pp. 53–77 in *"Hommage à André Malraux (1901–1976)"*.

MONTGOMERY, Helene Ramos. « *Aspects du mythe chez Michel Tournier.* The University of North Carolina at Chapel Hill, Ph.D., sous la direction de Carol L. Sherman, 1990. 155 f. », *Dissertation Abstracts International*, Vol. 51, no. 7, January 1991, p. 2398A.
   Voir : 1990 MONTGOMERY.

MORAWSKI, Stéfan, « La Théologie négative d'André Malraux », pp. 75–88 in *André Malraux 8...*

• MORO Aguilar, Rosa ANGELES. *El arte según Malraux.* [Salamanca,] R.A. Moro, 1991. 26 p. (Coll. « Salamanca : Varona »)

   [*Non vérifié.*]

MOROT-SIR, Édouard, « La Problématique de l'écriture selon Malraux », pp. 11–39 in *André Malraux 8...*

MOSSUZ-LAVAU, Janine, « Geoffrey T. Harris, *De l'Indochine au R.P.F. Une continuité politique. Les romans d'André Malraux* », pp. 218-219 in *André Malraux 8...*

MOSSUZ-LAVAU, Janine, « Du compagnonnage communiste à l'enga-gement gaulliste : le cas André Malraux », pp. 241–56 in *50 ans d'une passion française. De Gaulle et les communistes* (Sous la direction de Stéphane COURTOIS et Marc LAZAR. Préface de René RÉMOND. Paris, Balland, 1991. 342 p.).

MOUILLAUD-FRAISSE, Geneviève, « En espagnol dans le texte », pp. 51–8 in *Traducción y adaptación cultural : España-Francia* (Edited by Maria Luisa DONAIRE FERNANDEZ, Francisco LAFARGA. Oviedo, Universidad de Oviedo, Servicio de Publicaciones, 1991. 655 p.).
   Voir : 1995 MOUILLAUD-FRAISSE.

NOTHOMB, Paul, « "Mon" Malraux », p. [2] in *"Malraux"*.

NOURISSIER, François / Véronique JACOB, « "Il avait (aussi) de beaux yeux" », p. 80 in *"Malraux, dandy, guerrier et visionnaire"*.

• *La Nouvelle revue française* Voir *"Hommage à André Malraux (1901–1976)"*.

PAZ, Octavio, « Celebración de D.H. Lawrence », *Vuelta*, Vol. 15, n° 172, 1991, pp. 26–36.

PONGE, Francis, « [*sans titre*] », p. 115 in *"Hommage à André Malraux (1901–1976)"*.

POPOVIĆ-ZADROVIĆ, Sonja / MALRAUX André, « Entretien », *Revue André Malraux Review*, Vol. 23, no. 1-2, Spring-Fall 1991, pp. 131–43.

POUJOL, Geneviève, « The Creation of a Ministry of Culture in France », *French Cultural Studies*, Vol. 2, no. 6, October 1991, pp. 251–60.

QUÉRÉEL, Patrice. *Rouen : secteur sauvegardé : les chassis vides de la loi Malraux*. [s.l., s.n.] 1991. 15 p.
Extrait de *Repères Haute-Normandie*, n° 24, juin 1991, pp. 9–21.

RAYMOND, Gino, « French Culture and the Politics of self-esteem: the Vietnam Experience », pp. 56–70 in *America, France and Vietnam: Cultural History and Ideas of Conflict* (International conference, 1988, Swansea. Edited by Phil MELLING *and* Jon ROPER, Aldershot - Brookfield - Hong Kong, Avebury, 1991. VII-251 p.).

REY, Pierre-Louis,
« "André Malraux", *Europe*, n°s 727-728, novembre-décembre 1989 », pp. 211-2
« Henri Godard. *L'Autre face de la littérature. Essai sur André Malraux et la littérature* », pp. 212–4
in *André Malraux 8...*

RIEUNEAU, Maurice, « De Gaulle, héros de Malraux dans *Les Chênes qu'on abat* », pp. 15–23 in *De Gaulle et les écrivains* (Textes édités par Jean SERROY. Préface de Régis DEBRAY, commentaire de Jean LACOUTURE. Grenoble, Presses Universitaires de Grenoble, 1991. 207 p.).

Roger Caillois : témoignages, études et analyses, précédés de 39 textes rares ou inédits de Roger Caillois. Sous la direction de Jean-Clarence LAMBERT. Paris, Éditions de la Différence, 1991. 453 p.-XXXII p. (Coll. « Les Cahiers de chronos »)
Pp. 119–25 : « Le Dialogue André Malraux - Roger Caillois ».

[ROLLAND, Christine,] « Bibliographie sélective », p. [4] in *"Malraux"*.

ROMAIN, Jean, « La Tentation du destin », *Construire*, n° 37, 11 septembre 1991, p. 17.

RONDEAU, Daniel, « Malraux personnage de vitrail », p. [2] in *"Malraux"*.

ROSA DA SILVA, Edson, « L'Œuvre d'André Malraux, un dialogue fascinant avec la mort », *L'Information littéraire*, vol. 43, n° 3, mai-juin 1991, pp. 29–34.

ROY, Jules. *Mémoires barbares*. Paris, Librairie générale française, 1991. 696 p. (Coll. « Le Livre de poche »)
> Pp. 539–53 : « [Malraux] : Allegretto ma non troppo ».
> Première édition : Paris, Albin Michel, 1989 (pp. 525–53).

RUBINO, Gianfranco, « Quattro percorsi tra initerario ed erranza », pp. 59–136 in *Figure dell'erranza : immaginario del percorso nel romanzo francese contemporeano* (A cura di Gianfranco RUBINO. Roma, Bulzoni editore, 1991. 305 p. [Coll. « Proteo : le metamorfosi dell'immaginario »]).

SABBAH, Hélène. *Les Débuts de roman : groupements de textes*. Paris, Hatier, 1991. 78 p. (Coll. « Profil littérature », série « Oral de français »)
> Pp. 42–7 : « *La Condition humaine*. Malraux ».
> Repris pp. 42–7 in *Les Débuts de roman* (Paris, Hatier, 1991. 78 p. [« Coll. Profil littérature ». Série « Thèmes et questions d'ensemble »]).

SAINT-CHERON, François DE,
> « Tadao Takemoto. *André Malraux et la cascade de Nachi, La confidence de l'univers*. Paris, Julliard, 1989 », pp. 222-3
> « *Villa Medicis*, spécial André Malraux. Rome, Éditions Carte Segrete, 1988 », pp. 230-1
> « *Le Livre dans la vie et l'œuvre d'André Malraux*. Paris, Klincksieck, 1988 », pp. 231–3
> « *André Malraux, l'homme des univers*. Colloque Grand Palais, Paris, décembre 1986. Verrières-le-Buisson, Comité national André Malraux, 1989. 227 p. », pp. 233-4
> in *André Malraux 8...*

• SAINT-CHERON, François DE. *La Pensée sur l'art d'André Malraux. Projet d'édition critique de ses propos et écrits dispersés (1922–1976)*. Thèse de Doctorat Nouveau Régime en Lettres Modernes, sous la direction de Pierre-Louis Rey. Université de la Sorbonne Nouvelle - Paris III, 1991. 736 f.
> Thèse consultable à Paris III - BU : TP 1991 41.ma.

SEGNAIRE, Julien [*pseud.* de Paul NOTHOMB], « L'Antimilitarisme du "coronel" », pp. 31–7 in *"Hommage à André Malraux (1901–1976)"*.

SEMPRUN, Jorge, « "Je cherche la région cruciale de l'âme" », p. [2] in *"Malraux"*.

SEMPRUN, Jorge, « Notre rendez-vous avec Malraux », p. 84 in *"Malraux, dandy, guerrier et visionnaire"*.

SERVAN-SCHREIBER, Jean-Jacques. *Passions*. Paris, Fixot, 1991. 401 p.
Quelques références à Malraux.
Voir : 1992 SERVAN-SCHREIBER.

SICK, Franziska, « Engagement de l'homme et art non-engagé. Réflexion sur une contradiction chez Malraux », *Revue André Malraux Review*, Vol. 23, no. 1-2, Spring-Fall 1991, pp. 69–84.

SIRINELLI, Jean-François, « Les Intellectuels français au temps de la guerre froide : entre communisme et gaullisme », pp. 257–68 in *50 ans d'une passion française. De Gaulle et les communistes* (Sous la direction de Stéphane COURTOIS et Marc LAZAR. Préface de René RÉMOND. Paris, Balland, 1991. 342 p.)
Article partiellement consacré à Malraux.

S.[LAMA], A.[lain]-G.[érard], « Napoléon : l'empire des mots », *Le Figaro [littéraire]*, n° 14687, 12 novembre 1991, p. 3.

SORIN, Raphaël, « Malraux dandy, guerrier et visionnaire », pp. 78–80 in *"Malraux, dandy, guerrier et visionnaire"*.

SPECTOR, Jack J., « Malraux and Surrealist Automatism », *Revue André Malraux Review*, Vol. 23, no. 1-2, Spring-Fall 1991, pp. 15–26.

STÉPHANE, Roger, « La Condition surhumaine », *L'Express*, n° 2106, 14–20 novembre 1991, pp. 163–6.
Extrait d'une interview de mars 1969 au sujet de Napoléon.

STÉPHANE, Roger, « Malraux : le romancier, l'esthéticien et le mémorialiste », p. [3] in *"Malraux"*.

TALON, Guy, « Un Aspect original des "Antimémoires" d'André Malraux : le retour du Baron Clappique », *Revue d'histoire littéraire de la France*, vol. 91, n°s 4-5, juillet-août 1991, pp. 672–6.

TAME, Peter, « The Ideological Heroes in André Malraux's *La Condition humaine* », *Revue André Malraux Review*, Vol. 23, no. 1-2, Spring-Fall 1991, pp. 27–51.

• TANNERY, Claude. *Malraux: The Absolute Agnostic, or Metamorphosis as Universal Law*. Translated by Teresa LAVENDER FAGAN. Chicago - London, University of Chicago Press, 1991. XII-325 p.

TERRASSE, Antoine, « La Nostalgie de Dieu », pp. 167–70 in *"Hommage à André Malraux (1901–1976)"*.

TERRASSE, Antoine, « L'Art est un anti-destin », p. 87 in *"Malraux, dandy, guerrier et visionnaire"*.

● THÉRON, Michel. *Une Initiation à l'art : Malraux et l'image*. 2e édition augmentée. Montpellier, Centre régional de documentation pédagogique [CRDP], 1991. 320 p.
  Voir : 1990 THÉRON.

THOMPSON, Brian, « Les Romans d'André Malraux : à la recherche du sens perdu », *Cahiers François Mauriac*, n° 18, 1991, pp. 273–84.

THORNBERRY, Robert S.,
  « Janet Flanner's Feminist Reading of *L'Espoir* », pp. 144–8
  « Malraux's Occidental Interview (1949) », pp. 149–54
  Revue André Malraux Review, Vol. 23, no. 1-2, Spring-Fall 1991.

TISON-BRAUN, Micheline, « Malraux et l'imagination métaphysique », pp. 55–74 in *André Malraux 8...*

● TRÉCOURT, François. *André Malraux romancier : l'exemple de "L'Espoir"*. Thèse de Doctorat d'État en Lettres Modernes, sous la direction de Robert Mauzi. Université de Sorbonne Paris IV, 1991. 1494 f.
  Thèse consultable à Paris IV - BU Serpente : BUT 2084.

UGARTE, Michael, « La guerra civil española en la litteratura », *Anales de la literatura española contemporanea*, Vol. 16, n° 3, 1991, pp. 431–3.

VANDEGANS, André, « Un Phare du XXe siècle : Malraux », *Revue générale belge*, n° 11, novembre 1991, pp. 85–7.

VERNY, Françoise. *Le Plus beau métier du monde*. Paris, Pocket, 1991. 458 p. (Coll. « Presses Pocket »)
  Pp. 213–27 : « Les Arbres de Verrières ».
  Voir : 1990 VERNY.

VINDT, Gérard *et* Nicole GIRAUD. *Les Grands romans historiques : l'histoire à travers les romans*. Paris, Bordas, 1991. 256 p. (Coll. « Les compacts »)
  Pp. 109-10 : « *L'Espoir* (1937) ».
  P. 228 : « *La Condition humaine* (1933) ».

WALKER, David H., « *André Malraux*. Edited by Harold Bloom (Modern Critical Views) New York, New Haven, Connecticut, and Philadelphia: Chelsea House. 1988. viii-211 pp. », *The Modern Language Review*, Vol. 86, no. 2, April 1991, pp. 476-7.

WEST, Cornel *and* Colin MACCABE, « Deconstructing Europe: A Memorial Lecture for James Snead », *Critical Quarterly*, Vol. 33, no. 1, Spring 1991, pp. 1–19.

WETHERILL, P. M., « Une Vision de l'histoire », *Revue André Malraux Review*, Vol. 23, no. 1-2, Spring-Fall 1991, pp. 102–8.

WILHELM, Bernard, « Par-delà la Chine, l'Indochine d'André Malraux », *Revue francophone de Louisiane*, vol. 6, n° 1, Spring 1991, pp. 5–17.

WILSON, Sarah, « Jean Fautrier : ses écrivains et ses poètes », pp. 241–51 in *Écrire la peinture* (Textes réunis et présentés par Philippe DELAVEAU. Paris, Éditions Universitaires, 1991. 273 p.).

WITESIDE, Kerry H., « Universality and Violence. Merleau-Ponty, Malraux and the moral logic of liberation », *Philosophy Today*, Vol. 35, no. 4, 1991, pp. 372–89.

WITESIDE, Kerry H., « Merleau-Ponty and the Uses of Malraux's Writings », *Revue André Malraux Review*, Vol. 23, no. 1-2, Spring-Fall 1991, pp. 85–101.

ZARADER, Jean-Pierre, « La Bibliothèque selon Malraux », *Revue André Malraux Review*, Vol. 23, no. 1-2, Spring-Fall 1991, pp. 2–14.

ZARADER, Jean-Pierre, « La Métamorphose d'une œuvre », pp. 41–54 in *André Malraux 8...*

1992

Janvier : MALRAUX, « **Psychologie de l'art** » [*Verve*, nº 1, 1937], *Bulletin de Psychologie*, vol. 46, nº 410, janvier-avril 1992-1993, pp. 167–75.

1ᵉʳ mars : L'écrivain Jules Roy parle de sa rencontre (« Pentimento », France Culture).

2 mai : Le cinéaste Claude Santelli parle de sa rencontre (« La Petite boutique des bonheurs », Radio Bleue).

16 mai : L'architecte Alexandre Melissinos parle de la protection des centres historiques, pour le trentenaire de la loi Malraux (« Grand angle », France Culture).

25 juin : Jean Daniel parle du mouvement intellectuel qui réunissait Jean Grenier, André Malraux, Georges Palante, Louis Guilloux, Henri Petit et André Chamson (« Profils perdus », France Culture).

7 août : La journaliste Suzanne Chantal brosse un portrait (« Mémoire du siècle », France Culture).

22 août : Jacques Laurent évoque de manière critique le personnage de Malraux (« Les Hussards, une académie buissonnière », France Culture).

Au cours de l'année : Plusieurs traductions des romans ont vu le jour :

— *La Tentation de l'Occident* : *The Temptation of the West*. Translated and with an introduction by Robert Hollander ; with a new preface by Jonathan D. Spence. Chicago, University of Chicago Press. XXIV-122 p.

— *Les Conquérants* : *The Conquerors*. Translated by Stephen Becker ; with a new foreword by Herbert R. Lottman. Chicago, University of Chicago Press. XIV-198 p.

— *Les Conquérants* : *I Conquistatori* Traduzione di Jacopo Darca, Introduzione di Angelo Morino. Milano, A. Montadori, XV-239 p. (Coll. « Oscar narrativa »)

— *Les Noyers de l'Altenburg* : *The Walnut Trees of Altenburg*. Translated by A.W. Fielding ; with a new foreword by Conor Cruise O'Brien. Chicago, University of Chicago Press. XXII-224 p.

— *Les Antimémoires* : *Antimemorias*. Traducción de Enrique Pezzoni, prólogo de Horacio Vázquez Rial. Barcelona, Círculo de Lectores. 528 p.

*

AINSLEY, Luc. « *La Critique sociale chez Christiane Rochefort*. The University of British Columbia (Canada), 1990. 144 f. », *Dissertation Abstracts International*, Vol. 30, no. 4, Winter 1992, p. 1045A.

  Voir : 1990 AINSLEY.

ALVAREZ ORDÓÑEZ, Gemma *et* César GUTIÉRREZ VIÑAYO, « "La lutte avec l'ange" de Malraux (1934) comme genèse de l'œuvre », *Estudios humanísticos*, Vol. 14, 1992, pp. 37–48.

● *"André Malraux"*, *Chronique*, n° 2, 1992.
> Voir : BUSATO, DENIS, FENECH, LYON, QUILHOT.

● *"André Malraux et la pluralité des cultures : essais en l'honneur de Henri Peyre.* Édités par Françoise-Élisabeth DORENLOT *et* Robert S. THORNBERRY / *André Malraux and culturel diversity: essays in honor of Henri Peyre"*. Edited by Françoise-Élisabeth DORENLOT and Robert S. THORNBERRY. Mount Pleasant (Mich.), *Revue André Malraux Review*, 1992-1993. 180 p. (Coll. « Monographies RAMR »)
> Troisième numéro spécial de la *Revue André Malraux Review*, Vol. 24, no. 1-2, 1992-1993.
> Voir : DORENLOT, EBRIEL, FITCH, GOLDBERGER, HARRIS, JUILLIARD-BEAUBAN, KOUCHKINE, LANGLOIS, MOROT-SIR, PEYRE, RADULESCU, TANNERY, THORNBERRY, TISON-BRAUN.

ANTOINE, Régis. *La Littérature franco-antillaise : Haïti, Guadeloupe et Martinique*. Paris, Éditions Karthala, 1992. 381 p.
> Pp. 345–8 : « Malraux et les Antilles ».

ARDURA, B., « À propos de la restauration de l'abbaye prémontrée de Pont-à-Mousson, 1966 », *Analecta Praemonstratensia*, Vol. 68, n°s 1-2, 1992, pp. 144–7.

ARENSON, Jourdan, « The Temptation of the West », *Far Eastern Economic Review*, Vol. 155, September 24, 1992, p. 42.

ASTRUC, Alexandre. *Du stylo à la caméra... et de la caméra au stylo. Écrits (1942–1984)*. Préface de Philippe D'HUGUES. Paris, L'Archipel, 1992. 401 p.
> Pp. 91–3 : « André Malraux, homme parmi les hommes... ».
> Déjà paru dans *Libertés*, n° 44, 28 septembre 1944.
> Pp. 261–4 : « "Sierra de Teruel", d'André Malraux ».
> Déjà paru dans *Action*, n° 92, 13 octobre 1944.

AYMÉ, Marcel. *Vagabondages : articles, critiques et portraits littéraires.* Présentés par Michel LECUREUR. Besançon, La Manufacture, 1992. 332 p.
> Pp. 260–2 : « De quoi parle Malraux ? »

Déjà paru dans *Arts*, n° 937, 20–26 novembre 1963, p. 1.
Voir : 1996 AYMÉ.

BAJOLLE, Victorin, « Au palais littéraire : A. Malraux, ambiguïté et malentendu », *Écrits de Paris*, n° 535, juillet-août 1992, pp. 75–8.

BANCQUART, Marie-Claire *et* Pierre CAHNÉ. *Littérature française du XXᵉ siècle*. Paris, Presses Universitaires de France, 1992. VIII-564 p. (Coll. « Premier cycle »)
Pp. 298–301 : « André Malraux : 1901–1976 ».

La Bibliothèque idéale. Édition revue et corrigée sous la direction de Pierre BONCENNE. Préface de Bernard PIVOT. Paris, Librairie générale française, 1992. XXII-997 p. (Coll. « La Pochothèque »)
P. 60 : « La Tentation de l'Occident ».
P. 162 : « L'Espoir ».
P. 286 : « La Voie royale ».
P. 448 : « Le Miroir des limbes ».
P. 555 : « Les Voix du silence ».
P. 722 : « La Condition humaine ».
Édition antérieure : Paris, Albin Michel, 1988. XIX-659 p.

BICKFORD, Sylvester, « The Writer as l'homme engagé. Persona as Literary Device in Malraux and Hemingway », pp. 19–39 in *"Malraux, Hemingway, and Embattled Spain"*.

BLUCHE, François. *Dictionnaire des mots historiques : de César à Churchill*. Paris, Éditions de Fallois, 1992. 401 p.
Pp. 242-3 : « Malraux : "Le XXIᵉ siècle sera religieux ou ne sera pas" ».

BOISDEFFRE, Pierre DE, « Lettres et mémoires : *Vie de Napoléon par lui-même* d'André Malraux », *Revue des deux mondes*, février 1992, pp. 180–6.

BOUTANG, Pierre. *Les Abeilles de Delphes : essai I*. Paris, Éditions des Syrtes, 1992. 503 p.
Pp. 213–8 : « L'itinéraire spirituel d'André Malraux ».
Pp. 219–24 : « Malraux et Goya ».
Édition antérieure : Paris, Éditions de la Table Ronde, 1952.
Voir : 1999 BOUTANG.

BRINCOURT, André, « Clara Malraux : partage, divorce et complicité », *Le Figaro* [*littéraire*], n° 14830, 27 avril 1992, p. 3.

BROSMAN, Catharine Savage, « Reading behind the Lines: The Interpretation of War », *Sewanee Review*, Vol. 100, no. 1, January-March 1992, pp. 69–97.

BUSATO, Daniel, « La Grandeur humaine n'est plus en Occident. Propos sur *La Condition humaine* », pp. 37–41 in *"André Malraux"*.

CABASINO, Francesca, « Il dialogo tra fizione e realtà nella scrittura di André Malraux », pp. 503–19 in *Discorso fizionale e realtà storica* (Atti del 1. Colloquio internazionale « Testo e contesto » : Macerata, 15–17 ottobre 1990. A cura di Hans-Georg GRUNING, Danielle LEVY-MONGELLI, Graciela RICCI-DELLA GRISA. Ancona, Nuove ricerche, 1992. 781 p.).

CAIN, James Delton. *Unconscious influence of fathers on sons in the selected works of Conrad, Faulkner, Malraux and Percy.* Stephen F. Austin State university, Advisor: Duncan Kirby, 1992. 96 p.
   [Non vérifié.]
   Dissertation Abstracts International, Vol. 31, no. 2, Summer 1992, p. 565A.

CARBONELL, Charles-Olivier, Michel KOSZUL, Jean RIVES *et* Pierre VAYSSIÈRE. *Dictionnaire des biographies. 6 : Le XXᵉ siècle.* Paris, Armand Colin, 1992. 264 p. (Coll. « Cursus », série « Dictionnaires »)
   Pp. 157–9 : « Malraux (André) [1901–1976] ».

CARDUNER, Jean, « HARRIS Geoffrey, *De l'Indochine au R.P.F. Une continuité politique. Les romans d'André Malraux* », *French Forum*, Vol. 17, no. 1, January 1992, pp. 114–6.

[CARRARD, Philippe], « Malraux (André), écrivain et homme politique français (Paris 1901 - Créteil 1976) », pp. 950–2 in *Dictionnaire des littératures française et étrangères* (Sous la direction de Jacques DEMOUGIN. Paris, Larousse, 1992. XII-1861 p.).

CARRARD, Philippe. *Poetics of the new history: French historical discourse from Braudel to Chartier.* Baltimore [Md.] - London, Johns Hopkins University Press, 1992. XVIII-256 p. (Coll. « Parallax: Re-Vision of Culture and Society »)
   Nombreuses références à Malraux.

● CASSANI, Laura. *Il cubismo nell'estetica di Andre Malraux*. Milano, Istituto Universitario di Lingue Moderne, 1992. 263 p.

CAUNE, Jean. *La Culture en action. De Vilar à Lang : le sens perdu.* Préface de Jacques RIGAUD. Grenoble, Presses Universitaires de Grenoble, 1992. 376 p. (Coll. « Communication, Médias et Sociétés »)

　　Pp. 141–50 : « La Rencontre avec l'art ».
　　Voir : 1999 CAUNE.

CAZENAVE, Michel, « Malraux et la politique de De Gaulle exposés », pp. 126–8 in *De Gaulle en son siècle*. Tome VII : *De Gaulle et la culture* (Actes des journées internationales tenues à Paris, 19–24 novembre 1990. Paris, La Documentation française / Plon, 1992. 329 p. [Coll. « Espoir »]).

● *Chronique* Voir *"André Malraux"*.

COLOMBANI, Christian, « Parcours Uzès, de Racine à Malraux », *Le Monde* [*sans visa*], n° 14652, 7 mars 1992, p. 78.

CORTÁZAR, Julio, « Una profecía sobre la novela », *Quimera*, n° 115, 1992, pp. 13–25.

COURTIVRON, Isabelle DE. *Clara Malraux : une femme dans le siècle.* Paris, Éditions de l'Olivier, 1992. 287 p.

　　Nombreuses références à Malraux.

DEBRAY, Régis, « Universal art: the desperate religion », *New Perspectives Quarterly*, Vol. 9, Spring 1992, pp. 35–41.

DEBRAY, Régis. *Vie et mort de l'image. Une histoire du regard en Occident*. Paris, Gallimard, 1992. 412 p. (Coll. « Bibliothèque des idées »)

　　Pp. 267–71 : « Le Sublime et l'échec ».

DENIS, Y., « Le Beau : voie vers l'au-delà », pp. 61–76 in *"André Malraux"*.

DESROCHES NOBLECOURT, Christiane. *La Grande Nubiade ou le parcours d'un égyptologue*. Paris, Stock / Pernoud, 1992. 538 p.

> Pp. 28–33 : « La visite du général de Gaulle ».
> Pp. 228–31 : « Réponse de M. André Malraux Ministre d'État chargé des affaires culturelles (France) à l'Appel du directeur général (8 mars 1960).
> Pp. 289–307 : « Malraux en Égypte ».
> Voir : 1993, 1997 DESROCHES NOBLECOURT.

Dictionnaire des grandes œuvres de la littérature française. Sous la direction de Henri MITTERRAND. Paris, Le Robert, 1992. 706 p. (Coll. « Les Usuels »)

> Pp. 103-4 : « *Les Chênes qu'on abat*. André Malraux. Essai, 1971 ».
> Pp. 130–1 : « *La Condition humaine*. André Malraux. Roman, 1933 ».
> P. 134 : « *Les Conquérants*. André Malraux. Roman, 1928 ».
> P. 218 : « *L'Espoir*. André Malraux. Roman, 1937 ».

DORENLOT, Françoise, « André Malraux and Cultural Diversity. Journée Henri Peyre - 21 février 1991 », pp. 2–6 in *"André Malraux et la pluralité des cultures..."*.

DOURNON, Jean-Yves. *Le Grand dictionnaire des citations françaises*. Paris, Belfond, 1992. 906 p.

> Nombreuses références à Malraux.
> Voir : 2002 DOURNON.

DRELL RECK, Rima, « Malraux's Great Exhibition: Art writing as cultural performance », pp. 131–41 in *The Shaping of text: style, imagery, and structure in French literature. Essays in honor of John Porter Houston* (Edited by Emmanuel MICKEL Jr. Lewisburg [Pa.], Bucknell University Press / London - Toronto, Associated University Press, 1992. 161 p.).

DRIEU LA ROCHELLE, Pierre. *Journal 1939–1945*. Édition établie, présentée et annotée par Julien HERVIER. Paris, Gallimard, 1992. 519 p. (Coll. « Collection Témoins »)

> Plusieurs références à Malraux.

• DUMAZEAU, Henri. *"La Condition humaine"*, *Malraux : analyse critique*. Paris, Hatier, 1992. 95 p. (Coll. « Profil littérature. Profil d'une œuvre »)

> Édition antérieure : 1970.
> Voir : 1994 DUMAZEAU.

EBERIEL, Rosemary, « On Rereading André Malraux: *The Collector* », pp. 142–53 in *"André Malraux et la pluralité des cultures..."*.

ENGLER, Winfried. *Der französische Roman im 20. Jahrhundert. Welt im Text - Text als Welt.* Stuttgart, W. Kohlhammer, 1992. 224 p. (Coll. « Sprache und Literatur »)
Nombreuses références à Malraux.

ESTEBAN, Claude. *Le Travail du visible et autres essais.* Paris, Fourbis, 1992. 122 p.
Pp. 89–107 : « Espagne rouge et noire. André Malraux et Goya ».

FALCOFF, Mark, « The Faithless Malraux », *The New Criterion*, Vol. 2, no. 3, November 1992, pp. 30–7.

FENECH, Liliane, « André Malraux : le sens de la fraternité dans l'œuvre romanesque », pp. 25–36 in *"André Malraux"*.

FITCH, Brian T., « Lecture de l'espace, espace de la lecture », pp. 41–7 in *"André Malraux et la pluralité des cultures..."*.

• FLEURY, Pierre-Laurent. *Loi Malraux : mode d'emploi.* Préface d'André CARNOU. Paris, Edicom, 1992. 187 p. (Coll. « Investisement conseil »)

FRANCHINI, Philippe, « André Malraux à Saïgon », pp. 120–2 in *Saïgon 1925–1945. De la « Belle Colonie » à l'éclosion révolutionnaire de la fin des dieux blancs* (Dirigé par Philippe FRANCINI. Paris, Édition Autrement, 1992. 261 p. [Coll. « Autrement », Série « Mémoires »]).

FUMAROLI, Marc. *L'État culturel. Essai sur une religion moderne.* Paris, Librairie générale française, 1992. 410 p. (Coll. « Le Livre de poche », série « Biblio essais »)
Pp. 65–73 : « Le décret fondateur ».
Pp. 151–75 : « André Malraux et la religion culturelle ».
Voir : 1991 FUMAROLI.

FUYAWAGA, Yoshimi, « Sur *Les Noyers de l'Altenburg* d'André Malraux », *Études de langue et littérature françaises*, n° 60, 1992, pp. 133–43.

GARCIA QUIEPO DE LLANO, Genova, « Los intelectuales europeos y la guerra civil española », *Espacio, Tiempo y Forma. Historia contemporanea*, n° 5, 1992, pp. 239–55.

GARRICK, John, « Two Bulls Locked in Fight: The Rivalry of Hemingway and Malraux in Spain », pp. 8–18 in *"Malraux, Hemingway, and Embattled Spain"*.

GIROUD, Françoise. *Leçons particulières*. Paris, Librairie générale française, 1992. 216 p. (Coll. « Le Livre de poche »)
Pp. 156–60.
Édition antérieure : Paris, Fayard, 1990.

GOLDBERGER, Avriel H., « Yes, But is it Malraux ? », pp. 71–83 in *"André Malraux et la pluralité des cultures..."*.

GOLDMANN, Lucien. *Pour une sociologie du roman*. Paris, Gallimard, 1992. 372 p. (Coll. « Tel »)
Pp. 59–277 : « Introduction à une étude structurale des romans de Malraux ».
Édition antérieure : Paris, Gallimard, 1964 (Coll. « Idées »).

GOMBRICH, Ernst Hans *and* Max MARMOR, « The Literature of Art: Select bibliography of sources in English », *Art Documentation*, Vol. 11, no. 1, Spring 1992, pp. 3–11.

GOMBRICH, Ernst Hans. *Réflexions sur l'histoire de l'art*. Trad. de l'anglais par Jacques MORIZOT *et* Antoine CAPET. Nîmes, Éd. Jacqueline Chambon, 1992. 439 p. (Coll. « Rayon art »)
Pp. 372–6 : « Malraux sur l'art et le mythe ».
Déjà paru sous le titre « The Metamorphosis of the gods », *The Observer*, October 9, 1960.
Paru également pp. 289–93 in *Reflections on the history of art: views and reviews* (Edited by Richard WOODFIELD. Oxford, Phaidon, 1987).

GREENE, Graham. *Avec mes sentiments les meilleurs. Lettres à la presse 1945–1989*. Choisies et présentées par Christopher HAWTREE. Trad. de l'anglais par Marie-Odile FORTIER-MASEK. Paris, R. Laffont, 1992. 296 p. (Coll. « Pavillons »)
Pp. 116–9 : « Une lettre ouverte de Graham Greene à M. André Malraux ».

GUILLEMIN, Henri. *Une Certaine espérance : conversation avec Jean Lacouture*. Paris, Arléa, 1992. 186 p.
Pp. 140–4.
Voir : 1997 GUILLEMIN.

● GUTIÉRREZ VIÑAYO, Félix-César. *La evolucion del pensamiento de André Malraux a travers de sus textos: desde Les Noyers de l'Altenburg a Le Miroir des limbes.* Universidad Valladolid, Centro de filosofia y letras, director Hernandez Rodriguez Francisco Javier, 1992.   [*Non vérifié.*]

[GUYARD, Marius-François.] *D'un romantisme l'autre*, recueil de textes de M.-F. GUYARD. Paris, Presses de l'Université de Paris-Sorbonne, 1992. 314 p. (Coll. « Recherches actuelles en littérature comparée »)

    Pp. 259–62 : « Malraux rencontre Péguy ».
    Article paru dans *Revue d'histoire littéraire de la france*, nos 60-61, 1980, pp. 427–31.
    Repris pp. 427–32 in *Mélanges Simon Jeune* (Bordeaux, Société des Bibliophiles de Guyenne, 1990).
    Pp. 263–71 : « *Les Antimémoires* : Malraux entre Gide et Bernanos ».
    Déjà paru pp. 154–62 in *Le Livre dans la vie et l'œuvre d'André Malraux* (Paris, Klincksieck, 1989. [Coll. « Actes et colloques »]).
    Pp. 273–82 : « Des *Noyers de l'Altenburg* aux *Antimémoires*. Berger et Malraux dans les chars ».
    Déjà paru dans *Travaux de littérature*, vol. 1, 1988, pp. 229–39.

HA, Marie-Paule Oi Yee. *"Cet autre qui n'en est pas". Figuring the East in the Works of Victor Segalen, André Malraux, Marguerite Duras, and Roland Barthes.* Thèse universitaire de l'Illinois at Urbana-Champaigne, sous la direction de M. Rosselle, 1992. 192 f.

    Voir : 1993 HA.

HANREZ, Marc, « De l'Indochine au R.P.F. : une continuité politique. Les romans d'André Malraux. By Geoffrey T. Harris », *French Forum*, Vol. 17, no. 1, January 1992, pp. 114–6.

HARRIS, Geoffrey T., « André Malraux 8 : L'imaginaire de l'écriture. Textes réunis par Ch. Moatti. (Revue des Lettres Modernes). Paris, Minard, 1991 », *French Studies*, Vol. 46, no. 4, October 1992, pp. 481-2.

HARRIS, Geoffrey T., « André Malraux: Multiple Ways of Being », pp. 84–96 in "*André Malraux et la pluralité des cultures...*".

HOLLEAUX, André, « De Gaulle et Malraux », pp. 58–69 in *De Gaulle en son siècle*. T. VII : *De Gaulle et la culture* (Actes des journées

→

internationales tenues à Paris, 19–24 novembre 1990. Paris, La Documentation française / Plon, 1992. 329 p. [Coll. « Espoir »]).

HOLLIER, Denis, « A Farewell to the pen », *Raritan*, Vol. 12, no. 2, Summer 1992, pp. 46–62.

HUELBES, Elvira, « Bryce Echenique : 'Ségún Malraux, las memorias son género muerto superado por el psicoanálisis'La Esfera », *El Mundo*, 27 de Junio, 1992, pp. 6-7.

Idées sur le roman. Textes critiques sur le roman français : XIIe–XXe siècle. Sous la direction de Henri COULET. Paris, Larousse, 1992. 426 p. (Coll. « Textes essentiels »)
    Pp. 343–7 : « André Malraux ».

JUDT, Tony. *Un Passé imparfait : les intellectuels en France, 1944–1956.* Trad. de l'anglais par Pierre-Emmanuel DAUZAT. Paris, Fayard, 1992. 404 p. (Coll. « Pour une histoire du XXe siècle »)
    Pp. 351-2.

JUILLIARD-BEAUDAN, Colette, « Piero et Malraux : le monde du silence dans *Les Voix du silence* », pp. 49–58 in *"André Malraux et la pluralité des cultures..."*.

JURISTO, Juan Angel, « André Malraux - La Sombra de Nietzsche », *El Urogallo*, n° 74-75, Julio-Agosto 1992 pp. 30–4.

JURT, Joseph, « Les Deux plus grands écrivains engagés que je connaisse... : Gide et Bernanos », *Bulletin des amis d'André Gide*, vol. 20, n° 94, avril 1992, pp. 187–207.

KANCEFF, Emanuele, « Le Livre dans la vie et l'œuvre d'André Malraux », *Studi francesi*, an. 36, n° 2, maggio-agosto 1992, p. 409.

KNAPP, Bettina L., « Malraux, Art Critic: in Quest of the Sacred », pp. 23–30 in *Literature and Spirituality* (Edited by David BEVAN. Amsterdam, Rodopi, 1992. 132 p. [Coll. « Rodopi Perspectives on Modern Literature »]).

KOUCHKINE, Eugène, « Malraux dans une Russie nouvelle », pp. 97–101 in *"André Malraux et la pluralité des cultures..."*.

KROHN, Claus-Dieter, « Communism and Anarchism in the Book on Spain by Malraux, Orwell, and Regler », pp. 41–55 in *German and*

International Perspectives on the Spanish Civil War: the Aesthetics of Partisanship (Edited by Luis COSTA, Richard CRITCHFIELD *and* Richard GLOSAN. Columbia, Camden House, 1992. VIII-503 p. [Coll. « Studies in German literature, linguistics, and Culture »]).

LAMBRON, Marc, « Littérature ? », *La Règle du jeu*, n° 8, septembre 1992, pp. 270–81.

LANGLOIS, Walter,
    « André Malraux and Henri Peyre », pp. 7–12
    « André Malraux and the Cultural Lessons of Asia », pp. 29–39
in *"André Malraux et la pluralité des cultures..."*.

LANGLOIS, Walter, « Malraux's Anti-fascist Hero: Marcelino-Viezzoli », pp. 102–14 in *German and International Perspectives on the Spanish Civil War: the Aesthetics of Partisanship* (Edited by Luis COSTA, Richard CRITCHFIELD *and* Richard GLOSAN. Columbia, Camden House, 1992. VIII-503 p. [Coll. « Studies in German literature, linguistics, and Culture »]).
    Déjà paru dans *Revue André Malraux Review*, Vol. 19, no. 1-2, Spring-Fall 1987-1988, pp. 76–88.

LARRAT, Jean-Claude, « Malraux, la culture et la guerre », *Recherches et travaux*, [bulletin] n° 42, 1992, pp. 253–77.

• LARRAT, Jean-Claude. *Malraux. Résumés. Commentaires critiques. Documents complémentaires.* Paris, Nathan, 1992. 126 p. (Coll. « Balises », série « Les Écrivains »)

LEVI, Anthony. *Guide to French Literature. 1789 to the Present.* Chicago - London, St. James Press, 1992. 530 p.
    Pp. 400–2 : « Malraux (Georges-)André, 1901–1976 ».

LEWIS, Robert W., « Hemingway, Malraux and the Warrior Writer », pp. 58–71 in *"Malraux, Hemingway, and Embattled Spain"*.

LIGAS, Pierluigi. *Microcosmi : da Alain-Fournier a Claude Simon.* Verona, Libreiria Universitaria Editrice, 1992. 144 p.
    Nombreuses références à Malraux.

LYON, J., « André Malraux métaphysicien ? », pp. 43–52 in *"André Malraux"*.

McGRATH, Susan McLean, « *L'Espoir:* The (r)evolution of style », pp. 217–24 in *"Malraux, Hemingway, and Embattled Spain"*.

● MALRAUX, Clara. *Apprendre à vivre : Nos vingt ans ; Les combats et les jeux.* Paris, B. Grasset, 1992. 515 p.
    Première édition : Paris, B. Grasset, 1969.

● *"Malraux, Hemingway, and Embattled Spain"*, North Dakota *Quarterly*, Vol. 60, no. 2, Spring 1992.
    Voir : BICKFORD, GARRICK, LEWIS, McGRATH, MICHALCZYK, ROMEISER, SYLVESTER, THOMPSON, THORNBERRY, TRÉCOURT, WILHELM.

MARCOU, Lilly. *Ilya Ehrenbourg : un homme dans le siècle.* Paris, Plon, 1992. 378 p.
    Pp. 110–4, 116–8, 122–4.

MAYNE, Richard, « Unmasking Monsieur Malraux », *London Review of Books*, Vol. 14, no. 12, June 25, 1992, pp. 9-10.

MERLEAU-PONTY, Maurice. *La Prose du monde.* Paris, Gallimard, 1992. 211 p. (Coll. « Tel »)
    Pp. 66–160 : « Le Langage indirect ».
    Déjà paru sous le titre : « Le Langage indirect et *Les Voix du silence* », *Les Temps modernes*, n° 80, juin 1952, pp. 2113–44 et n° 81, juillet 1952, pp. 70–94.
    Repris sous le même titre pp. 49–104 in *Signes* (Paris, Gallimard, 1960). Repris en une version différente sous le titre « Le Langage indirect », pp. 66–160 in *La Prose du monde* (Paris, Gallimard, 1969).

MICHALZYK, John J., « *The Spanish Earth* and *Sierra de Teruel:* The Human Condition as Political Message », pp. 40–9 in *"Malraux, Hemingway, and Embattled Spain"*.

MICKEL, Emmanuel, « Malraux's Great Exhibition: Artwriting as Cultural Performance », pp. 131–41 in *The Shaping of text: style, imagery, and structure in French literature. Essays in honor of John Porter Houston* (Edited by Emmanuel MICKEL Jr. Lewisburg [Pa.], Bucknell University Press / London - Toronto, Associated University Press, 1992. 161 p.).

MOATTI, Christiane, « L'Engagement en acte », pp. 248-9 in *Le Grand Atlas des littératures* (Paris, Encyclopædia Universalis, 1992. 435 p. [Coll. « Les Grands Atlas Universalis »])
　　Déjà paru en 1990.

MOATTI, Christiane, « Manès Sperber et André Malraux : une affinité élective », pp. 123–61 in *Présence de Manès Sperber : hommage et témoignages en Sorbonne* (Réunis par Anne-Marie CORBIN-SCHUFFELS *et* Éric LEROY DU CARDONNOY. Sous la direction de Gerald STIEG. Paris, Publications de l'Institut d'Allemand d'Asnières [PIA], 1992. 189 p. [Coll. « Publications de la Sorbonne Nouvelle »]).
　　Voir : 1995 MOATTI.

MOROT-SIR, Édouard, « L'Ethnographie et les voix de la culture selon André Malraux », pp. 17–27 in *"André Malraux et la pluralité des cultures..."*.

MOROT-SIR, Édouard, « Death, Power, and the Myth of Man in French Literature of the Thirties », pp. 239–60 in *German and International Perspectives on the Spanish Civil War: the Aesthetics of Partisanship* (Edited by Luis COSTA, Richard CRITCHFIELD *and* Richard GLOSAN. Columbia, Camden House, 1992. VIII-503 p. [Coll. « Studies in German literature, linguistics, and Culture »]).

MORRIS, Alan. *Collaboration and Resistance Reviewed Writers and the Mode Rétro in Post-Gaullist France.* New York, Berg St. Martin's Press, 1992. IX-200 p. (Coll. « Berg French Studies »)
　　Nombreuses références à Malraux.

MORRISEY, W., « C. Tannery, *La Métamorphose comme loi du monde* », *Philosophy and Literature*, Vol. 16, no. 2, 1992, pp. 412-3.

MOULIN, Raymonde. *L'Artiste, l'institution et le marché.* Paris, Flammarion, 1992. 423 p. (Coll. « Art, histoire, société »)
　　Quelques références à Malraux et son action au Ministère de la Culture.
　　Voir : 1997 MOULIN.

MOURREAU, Jean-Jacques, « André Malraux. Affabulateur ou héros ténébreux ? », *Enquête sur l'histoire*, n° 3, été 1992, pp. 38–41.

• *North Dakota Quarterly*　Voir *"Malraux, Hemingway, and Embattled Spain"*.

NOURISSIER, François, « Lire : Clara Malraux, inoubliable oubliée », *Le Figaro* [*littéraire*], n° 622, 4 juillet 1992, p. 107.
C. r. de 1992 COURTIVRON, *Clara Malraux, une femme dans le siècle.*

ORY, Pascal *et* Jean-François SIRINELLI. *Les Intellectuels en France de l'affaire Dreyfus à nos jours*, 2ᵉ édition mise à jour. Paris, A. Colin, 1992. 267 p. (Coll. « U », série « Histoire contemporaine »)
Nombreuses références à Malraux.
Première édition : A. Colin, 1986.
Voir : 2002 ORY.

PAULHAN, Claire, « Le Passé recomposé de Clara Malraux », *Le Monde* [*des livres*], n° 14788, 14 août 1992, p. 13.
C. r. de 1992 COURTIVRON, *Clara Malraux, une femme dans le siècle.*

PEYRE, Henri,
« East and West in Recent French Literature (1927) », pp. 127–32
« The Art of André Malraux: From Political Action to Salvation (1983) », pp. 133–9
in *"André Malraux et la pluralité des cultures...".*

PICHOIS, Claude *et* Takashi HAYASHI, « André Malraux et son ami japonais Kyo Komatsu », pp. 112–24 in *Comunicările "Hyperion".* 2. (Volum coordonat de Dim. PACURARIU. Funtatia Universitară Hyperion. Universitatea Hyperion, Facultatea de filologie-ziaristică]. Bucuresti, Editura Hyperion XXI, 1992).

POIRIER, Jacques. *La Girafe a un long cou...* Préface de Jean LESCURE. Périgueux, P. Fanlac, 1992. 124 p.
Pp. 72-3 : « Rencontre avec André Malraux ».
Pp. 146–9 : « L'Arrestation de Malraux ».

PONCE, Leon DE *and* Luis JOSE, « Bernanos and Malraux in Spanish Literary Criticism », pp. 386–96 in *German and International Perspectives on the Spanish Civil War: the Aesthetics of Partisanship* (Edited by Luis COSTA, Richard CRITCHFIELD *and* Richard GLOSAN. Columbia, Camden House, 1992. VIII-503 p. [Coll. « Studies in German literature, linguistics, and culture »]).

PORRUNCINI, Marie-Hélène, « À Toulon : la loi Malraux au secours de l'immobilier », *Urbanisme*, n° 258, novembre 1992, p. 14.

QUILHOT, B., « Malraux et la mort », pp. 53–60 in *"André Malraux".*

RADULESCU, Domnica, « Butterflies and Female Sexuality in André Malraux's *Le Miroir des limbes* », pp. 154–62 in *"André Malraux et la pluralité des cultures..."*.

● RADULESCU, Domnica Vera-Maria. *André Malraux: The "Farfelu" as Expression of the Feminine and the Erotic.* University of Chicago, 1992.

Voir : 1993 RADULESCU.

RECHNIEWSKI, Élizabeth, « André Suarès et André Malraux : du poète à l'homme d'action. Une étude des "Conquérants" », *French Studies*, Vol. 46, no. 2, April 1992, pp. 160–73.

● RHYOU, Bok-Ryeol. *La Piste du thème de l'Orient dans les romans d'André Malraux.* Thèse de Doctorat Nouveau Régime en Lettres Modernes, sous la direction de Alain Goulet, Université de Caen, 1992. 423 f.   [*Non vérifié.*]

Thèse consultable à Caen - BU Droit Lettres : T. 321.

ROBE, Régis, « Harris Geoffrey T., *De l'Indochine au R.P.F. : une continuité politique...* », *The French Review*, Vol. 66, no. 1, October 1992, pp. 143-4.

ROMEISER, John B., « Recent Critical Perspectives on Malraux's *L'Espoir* », pp. 256–63 in *"Malraux, Hemingway, and Embattled Spain"*.

RONDEAU, Daniel, « Napoléon tel que Malraux l'a vu. La voie impériale », *Le Nouvel Observateur*, n° 1418, 9–15 janvier 1992, p. 89.

C. r. de MALRAUX, *Vie de Napoléon par lui-même* (1991 *notice*).

ROUART, Jean-Marie,
« Braise », pp. 1-2
« Clara Malraux : ma vie d'aventure avec un homme d'exception », p. 8.
Le Figaro [*littéraire*], n° 14830, 27 avril 1992.

ROUART, Jean-Marie, « Quand les écrivains prennent le pouvoir », *Le Figaro* [*littéraire*], n° 14995, 6 novembre 1992, pp. 1-2.

RUBINO, Gianfranco. *Immaginario e narrazione : temi e tecniche nel romanzo francese contemporaneo.* Roma, Bulzoni editore, 1992. 326 p. (Coll. « Proteo : le metamorfosi dell'immaginario »)
Pp. 178–82 : « *La Voie royale* : La conquista e lo scacco ».

SALA I NOGUER, Ramon. « *Cinema of the Spanish republic, 1936–1939. (El cine en La Espagña Republica, 1936–1939).* Universitat Autonoma de Barcelona, 1990. 486 p. », *Dissertation Abstracts International*, Vol. 53, no. 3, Fall 1992, p. 418A.
Voir : 1990 SALA Y NOGUER.

SCHAACK, Laurence, « Comment la loi Malraux a changé la ville », *Urbanisme*, n° 258, novembre 1992, pp. 10–3.

SERVAN-SCHREIBER, Jean-Jacques. *Passions.* Paris, Librairie générale française, 1992. 285 p. (Coll. « Le Livre de poche »)
Quelques références à Malraux.
Voir : 1991 SERVAN-SCHREIBER.

SHIMIZU, Masako, « Des *Antimémoires* d'André Malraux. Est-ce une autobiographie ? », *Études de langue et littérature françaises*, n° 60, 1992, pp. 144–57.

SHORLEY, Christopher, « Malraux shanghaied ? », *French Studies Bulletin*, no. 45, Winter 1992-93, pp. 5–7.

SIPRIOT, Pierre. *Montherlant sans masque : biographie 1895–1972.* Paris, Librairie générale française, 1992. 766 p. (Coll. « Le Livre de poche »)
Pp. 655–7.

SOREL, R. ; P. RANSON ; A. HENRY, « Malraux André 1901–1976 », pp. 3515-6 in *Les Œuvres philosophiques : Dictionnaire.* Vol. 2 : *Philosophie occidentale : 1889-1990. Pensées asiatiques. Conceptualisation des sociétés traditionnelles.* Dirigé par Jean-François MATTÉI. Paris, Presses universitaires de France, 1992. XXXII-4616 p. (Coll. « Encyclopédie philosophique universelle »).

SOUBIGOU, Gilbert, « Le Regard littéraire sur l'aventurier-roi en Indochine : de Malraux à Schoendoerffer », *Plurial*, n° 3, 1992, pp. 49–67.
Article repris pp. 49–69 in *Indochine : reflets littéraires* (Publication

coordonnée par Bernard HUE. Centre d'étude des littératures et civilisations francophones. Rennes, Presses Universitaires de Rennes, 1992. 159 p.).

STAROBINSKI, Jean, « Malraux, Balthus et l'idée du chat », *Du - Die Zeitschrift der kultur*, n° 9, septembre 1992, pp. 18-9.

STÉPHANE, Roger, « Malraux et de Gaulle. Débat. Avec un exposé de Roger Stéphane », pp. 115–30 in *De Gaulle en son siècle*. T. VII : *De Gaulle et la culture* (Actes des journées internationales tenues à Paris, 19–24 novembre 1990. Paris, La Documentation française / Plon, 1992. 329 p. [Coll. « Espoir »]).

STIVALE, Charles J., « Bevan G., and P. M. Wetherill, *Sur la génétique textuelle*, Amsterdam, Rodopi, 1990 », *The French Review*, Vol. 66, no. 2, December 1992, pp. 318-9.

SYLVESTER, Bickford, « The Writer as l'homme engagé: Perona as Literary Devise in Malraux and Hemingway », pp. 19–39 in *"Malraux, Hemingway, and Embattled Spain"*.

TALON, Guy, « *L'Autre face de la littérature*, par Henri Godard, Gallimard, 1990 », *L'École des Lettres* (II), n° 5, 1er décembre 1992, pp. 70-1.

TANNERY, Claude, « Malraux : l'avènement de l'homme précaire », *Le Magazine littéraire*, n° 298, avril 1992, pp. 69–72.
Voir : 2001 TANNERY.

TANNERY, Claude, « De la Recherche du temps perdu à l'Intemporel », pp. 59–70 in *"André Malraux et la pluralité des cultures..."*.

THOMPSON, Brian, « The Eyes Have It: Visual Experience in *L'Espoir* », pp. 237–46 in *"Malraux, Hemingway, and Embattled Spain"*.

THORNBERRY, Robert, « Ideology and the Pragmatic Narrative: *L'Espoir* », pp. 225–35 in *"Malraux, Hemingway, and Embattled Spain"*.

THORNBERRY, Robert, « Malraux, Maurras et "Mademoiselle Monk" », pp. 164–74 in *"André Malraux et la pluralité des cultures..."*.

TISON-BRAUN, Micheline, « Un Message ambigu », pp. 13–6 in *"André Malraux et la pluralité des cultures..."*.

TRÉCOURT, François, « *L'Espoir* and *Sierra de Teruel* ; from the Novel to the Film », pp. 246–68 in *"Malraux, Hemingway, and Embattled Spain"*.

TULARD, Jean, « Napoléon vu par Malraux ou Malraux vu par Napoléon ? », *Commentaire*, n° 57, Printemps 1992, pp. 248-9.
    C. r. de MALRAUX, *Vie de Napoléon par lui-même* (1991 *notice*).

UBL, Ralph, « Art, Capital, Confrontation in progress Museum in progress », *Blocnotes*, no. 1, Autumn 1992, pp. 90–2. *[Non vérifié.]*

VANDEGANS, André, « Esquisse pour un "Malraux" », pp. 208–14 in *Albert Ayguesparse : témoignages et portraits* (Réunis par Luc NORIN *et* Jean-Luc WAUTHIER. Bruxelles, Pré aux sources / B. Gilson, 1992. 223 p.).

VENNAT, Pierre, « Pas facile d'être la femme d'un monument. Pas facile d'être Clara Malraux », *La Presse*, 19 juillet 1992, p. C4.
    C. r. de 1992 COURTIVRON, *Clara Malraux, une femme dans le siècle*.

VILGIER, Philippe, « Jean Fontenoy. De Shanghaï à Berlin », *Enquête sur l'histoire*, n° 3, été 1992, pp. 47–9.

VOUTSINAS, Dimitri, « "La psychologie de l'Art" d'André Malraux », *Bulletin de Psychologie*, vol. 46, n° 410, janvier–avril 1992-93, pp. 167-8.

WALKER, David H., « Sartre Rewriting Malraux », *French Studies Bulletin*, no. 45, Winter 1992-93, pp. 1–5.

WEISS, André, « Christiane Moatti, *La Condition humaine* d'André Malraux, coll. "Balises", Nathan, 1992 », *Bulletin de l'Association des Professeurs de Lettres*, n° 63, septembre-octobre 1992, pp. 45-46.

WILHELM, Bernard, « Behind *For Whom the Bell Tolls* and *L'Espoir* », pp. 1–7 in *"Malraux, Hemingway, and Embattled Spain"*.

WINCHESTER, Teresa J., « Geoffrey T. Harris, *De l'Indochine au R.P.F., une continuité politique : les romans d'André Malraux.* Trinity College, Toronto : Les Éditions Paratexte, 1990 », *Romance Quarterly*, Vol. 39, no. 4, November 1992, pp. 504-5.

WINEGARTEN, Renée, « The Reputation of André Malraux », *The American Scholar*, Vol. 61, no. 2, Spring 1992, pp. 267–74.

1993

25 avril : Frédéric Fajardie parle de son admiration (« Pentimento », France Inter).

Mai : André MALRAUX, ***La Reine de Saba*** *: une "aventure géographique"* (Texte présenté et annoté par Philippe Delpuech ; préface de Jean Grosjean. Paris, Gallimard, 1993. 131 p. [Coll. «Les Cahiers de la NRF»]). Reproduit les articles parus dans *L'Intransigeant* du 3 au 13 mai 1934.

13 juin : Henry Wibbels évoque les relations de Maurice Sachs avec Malraux (« Atelier de création radiophonique », France Culture).

19 juin : Régis Debray et Jean-Marie Drot, directeur de la villa Médicis à Rome, parlent de Malraux (« Le bon plaisir de... », France Culture).

2 septembre : Jean-François Deniau parle de son admiration (« À titre provisoire », France Inter).

6 septembre : Jean Foyer, Raymond Janot, Jacques Chaban-Delmas, Michel Debré, Gilles Martinet et Michel Cazenave se souviennent des discours de juin 1958 (« L'Histoire en direct », France Culture).

Octobre : Sous le titre « **Préparez-vous à l'imprévisible!** », reprise d'un entretien qu'Olivier Germain-Thomas avait eu avec Malraux en 1974.

Au cours de l'année : Traduction de plusieurs œuvres :

— *La Voie royale* : ***Der Königsweg*** *: Roman*. Dt. von Ferdinand Hardekopf, Überarb. von Felix Berner und Maria Meier-Hartmeier. München, Dt. Taschenbuch-Verl. 179 p.

— *La Condition humaine* : ***La Condizione umana***. Trad. di A.R. Ferrarin, Introduzione di Renata Pisu. Milano, Gruppo editoriale Fabbri Bompani Sonzogno. ETAS. XXIII-309 p. (Coll. « Tascabili Bompiani »).

— *La Vie de Napoléon par lui-même* : ***Autobiografia / Napoleone Bonaparte***. A cura di André Malraux. Trad. di Giorgia Viano Marogna. Milano, A. Mondadori. VIII-356 p. (Coll. « La storia »).

— *La Vie de Napoléon par lui-même* : ***La vida de Napoléon***. Barcelona, Edhasa. 432 p. (Coll. « Narrativas históricas »).

*

(classement alphabétique des périodiques contenant des contributions anonymes)

Droit fiscal (1993)

***, « Déficits financiers, lois Malraux » (vol. 45, n° 28, 14 juillet, p. 948).

*

ANGLARD, Véronique. *25 prix Goncourt : résumés, analyses, commentaires.* Alleur [Belgique], Marabout, 1993. 426 p. (Coll. « Marabout savoirs »)
Pp. 384–401 : « *La Condition humaine* (prix Goncourt 1933) ».

ASSOULINE, Pierre, « Ces écrivains qui font leur cinéma », *Lire*, n° 210, mars 1993, pp. 28–36.

ASSOULINE, Pierre, « Aventurier, il garde toute l'élégance de l'homme du monde », *Lire*, n° 213, juin 1993, p. 26.
C. r. de MALRAUX, *La Reine de Saba...* (1993 *notice*).

AUSSEUR-DOLLEANS, Chantal, Yves STEFF *et* Monique DREYFUS, « Patrimoine : secteurs sauvegardés en question », *Diagonal*, n° 99, février 1993, pp. 32–42.

BARTA, Micheline. « *Malraux : de la condition humaine à l'humanisme.* Concordia University [Canada], 1991. 136 f. », *Dissertation Abstracts International*, Vol. 31, no. 1, Spring 1993, p. 422A.
Voir : 1991 BARTA.

BÉLIT, Marc, « Malraux encore », *Forum*, n° 177, décembre 1993, p. 3.

BERNIER, Olivier. *Fireworks at dusk: Paris in the Thirties.* Boston, Little Brown and Company, 1993. 351 p.
Pp. 186–9, 191–3, 272–4 : « Malraux ».

BERTHOUD, Christophe, « Roger Parry : de Fargue à Malraux », *Photographies Magazine*, n° 52, septembre-octobre 1993, pp. 56–65.

BEUCLER, André, « Un Homme nouveau : Malraux », *Plaisirs de mémoire et d'avenir*, n° 1, juin 1993, pp. 55–9.
Déjà paru dans *La Revue des vivants*, septembre-octobre 1932.

BEVAN, David G., « André Malraux ou la quête de la fraternité. Vinh Dao », *New Zealand Journal of French Studies*, Vol. 14, no. 1, 1993, pp. 52-3.

BLICK, Jean Gabriel, « Rubens - Picasso : l'horreur de la guerre », *Œil*, n° 456, novembre 1993, pp. 22–5.

BOISDEFFRE, Pierre DE, « Trois hommes de culture », *Revue des deux mondes*, juin 1993, pp. 191–7.
C. r. de 1993 MOINOT, *Tous comptes faits.*

BORD, André. *"Un État d'esprit".* Propos recueillis par Dominique WIRTZ-HABERMEYER. [Illkirch-Graffenstaden,] Le Verger Éditeur, 1993. 224 p. (Coll. « Rencontres et témoignages »)
Pp. 25–42 : « André Malraux ».

BOUCHINET-SERREULLES, Claude, « Charles de Gaulle et André Malraux », *Espoir*, n° 91, mars 1993, pp. 69–71.

BRINCOURT, André, « La Folle aventure de Malraux avec la reine de Saba », *Le Figaro [littéraire]*, n° 15192, 25 juin 1993, p. 4.
C. r. de MALRAUX, *La Reine de Saba...* (1993 *notice*).

BRULOTTE, Gaëtan, « Portraits de femmes fin de siècle », *Liberté*, vol. 35, n° 1, 1993, pp. 217–23.
C. r. de 1992 COURTIVRON, *Clara Malraux : une femme dans le siècle.*

• CATE, Curtis. *André Malraux.* Trad. de l'anglais par Marie-Alyx REVELLAT. Paris, Flammarion, 1993. 607 p.
Voir : 1995, 1997, 2001 CATE.

CHADWICK, Charles, « Malraux mistranslated », *French Studies Bulletin*, no. 47, Summer 1993, pp. 19-20.

CHAMARD, M. M., « Déficits financiers (Lois Malraux) », *Droit fiscal*, vol. 45, n° 28, 14 juillet 1993, p. 1433.

CHIHEB, Abderrahim. *L'Esthétique romanesque chez André Malraux et Jean-Paul Sartre dans* Les Conquérants, La Condition humaine, L'Espoir, L'Âge de raison, Le Sursis *et* La Mort dans l'âme. *Étude comparative.* Thèse de Doctorat Nouveau Régime en Lettres Modernes, sous la direction de René Garguilo. Université de la Sorbonne Nouvelle - Paris III, 1993. 638 f.
Thèse consultable à Paris III - BU : TP 1993 130.ma.

CLERC, Jeanne-Marie. *Littérature et cinéma*. Paris, Nathan, 1993. 222 p.
(Coll. « Fac », série « Cinéma »)
> Pp. 78–80 : « Malraux ».
> Voir : 1995 CLERC.

CONNOLLY, Cyril. *100 livres clés de la littérature moderne (1880–1950)*.
Trad. de l'anglais par Alain BELAHAYE. Paris, Fayard, 1993. 125 p.
(Coll. « Biblio »)
> Pp. 97-8 : « André Malraux (1901–1976). *La Condition humaine* (1933) ».

CROSSMAN, Sylvie. *Jean Lacouture : la biographie du biographe*. Paris,
Balland, 1993. 315 p. (Coll. « Biographies »)
> Pp. 271–302 : « Cinq hommes et Lacouture ».

DARCOS, Xavier, Alain BOISSINO *et* Bernard TARTAYRE. *Le XXᵉ siècle en
littérature*. Paris, Hachette, 1993. 495 p. (Coll. « Perspectives et
confrontations »)
> Pp. 329–35, 449–52 : « Malraux (André) ».
> Initialement paru en 1989 chez le même éditeur, dans la même
> collection.

De la littérature française. Sous la direction de Denis HOLLIER. Paris,
Bordas, 1993. XXVII-1091 p.
> Nombreuses références à Malraux.

DELPUECH, Philippe, « Une "aventure géographique" ? », pp. 15–39 in
André MALRAUX, *La Reine de Saba : une "aventure géographique"*
(Texte présenté et annoté par Philippe DELPUECH ; préface de Jean
GROSJEAN. Paris, Gallimard, 1993. 131 p. [Coll. « Les Cahiers de la
NRF »]).

DESROCHES NOBLECOURT, Christiane. *La Grande Nubiade ou le parcours
d'un égyptologue*. Paris, Librairie générale française, 1993. 537 p.
(Coll. « Le Livre de poche »)
> Pp. 27–35 : « La visite du général de Gaulle ».
> Pp. 233–7 : « Réponse de M. André Malraux Ministre d'État chargé des
> affaires culturelles (France) à l'Appel du directeur général (8 mars
> 1960) ».
> Pp. 287–305 : « Malraux en Égypte ».
> Première édition : 1992.
> Voir : 1997 DESROCHES NOBLECOURT.

FOULON, Charles-Louis, « L'État et le gouvernement des affaires culturelles de 1959 à 1974 », *Cahiers français*, n° 260, mars-avril 1993, pp. 18–33.

FRANCŒUR, Louis *et* Marie. *Grimoire de l'art, grammaire de l'être*. Sainte-Foy [Québec], Les Presses Universitaires de Laval ; Paris, Klincksieck, 1993. 376 p.
Nombreuses références à Malraux.

FRANK, Bernard. *Mon siècle : chroniques 1952–1960*. Paris, Quai Voltaire, 1993. 396 p.
Nombreuses références à Malraux.
Voir : 1996 FRANK.

FREITAS, Maria Teresa DE, « La Poétique dans l'historique : la Révolution chinoise d'après Malraux », *Uniletras*, n° 15, 1993, pp. 139–53.
[*Non vérifié.*]

• GANTELME, Marie-Louise. *Incitations fiscales à la loi Malraux*. Mémoire de D.É.A., Aix-Marseille 3, 1993. 77 f.
Mémoire consultable à Aix-Marseille 3 - BU : DES 3670/A-B.a.

GELFAND, Elissa, « Isabelle de Courtivron, *Clara Malraux, une femme dans le siècle* », *The French Review*, Vol. 66, no. 5, April 1993, pp. 828-9.

GERMAIN-THOMAS, Olivier, « Le Besoin du sacré », *Le Monde*, n° 15050, 18 juin 1993, p. 32.

GERMAIN-THOMAS, Olivier / MALRAUX, André, « Préparez-vous à l'imprévisible ! », *Nouvelles clés*, n° 31, octobre-novembre 1993, pp. 32–4.)
Voir : 1993 *notice*.

GERMAIN-THOMAS, Olivier. *Bouddha, terre ouverte*. Paris, Albin Michel, 1993. 164 p.
Pp. 154–9.

GOSSELIN, Monique, « Le Rêve malrucien d'un intellectuel "chaman" », pp. 97–117 in *L'Intellectuel et ses miroirs romanesques (1920–1960)* (Édité par Jacques DEGUY. Préface de Jean-François SIRINELLI. Lille, Presses Universitaires de Lille, 1993. 246 p. [Coll. « UL3 : travaux et recherches »]).

GOULD, Thomas E., « Special Issue: *Malraux, Hemingway, and Embattled Spain. North Dakota Quarterly* 60.2 (Spring 1992) », *The Hemingway Review*, Vol. 13, no. 1, Fall 1993, pp. 103–6.

GREENE, Robert W. . *Just Words: Moralism and Metalanguage in Twentieth-Century French Fiction*. University Park [PA], The Pennsylvania State University Press, 1993. XI-188 p.
Pp. 73–92 : « Women and Words in Malraux's *La Condition humaine* ».
Pp. 163–84 : « Just Words: From Gide to Sarraute ».

GROSJEAN, Jean, « "La reine de Saba" », pp. 9–11 in André MALRAUX, *La Reine de Saba : une "aventure géographique"*.

GUÉRIN, Jeanyves. *Albert Camus : portrait de l'artiste en citoyen*. Paris, François Bourin, 1993. 286 p.
Quelques références à Malraux.

GUERRIN, Michel, « Le Rêve des maisons de la culture d'André Malraux s'est assouvi », *Le Monde*, n° 15149, 12 octobre 1993, p. 19.

HA, Marie-Paule Oi Yee. « *"Cet autre qui n'en est pas". Figuring the East in the Works of Victor Segalen, André Malraux, Marguerite Duras, and Roland Barthes*. Thèse universitaire de l'Illinois at Urbana-Champaigne, sous la direction de M. Rosselle, 1992. 192 f. », *Dissertation Abstracts International*, Vol. 53, no. 10, 1993, pp. 3546-7A.
Voir : 1992 HA.

• HAN, Yongtaek. *Les Techniques narratives dans "La Condition humaine" d'André Malraux et leur signification : le problème du temps*. Thèse de Doctorat Nouveau Régime en Lettres Modernes, sous la direction de Jean Foyard. Université de Dijon, 1993. 386 f.
[Non vérifié.]
Thèse consultable à Dijon - BU Droit Lettres : 179998.

HARRIS, Geoffrey T., « Translating Malraux », *Modern and Contemporary France*, Vol. 1, 1993, pp. 198–200.

HARRIS, Geoffrey T., « *Malraux: the Absolute Agnostic ; or, Metamorphosis as Universal Law*. By Claude Tannery. Translated by Teresa Lavender Fagan. Chicago - London, University of Chicago Press, 1991 », *The French Review*, Vol. 47, no. 1, January 1993, p. 107.

HOLLIER, Denis. *Les Dépossédés : Bataille, Caillois, Leiris, Malraux, Sartre*. Paris, Éditions de Minuit, 1993. 196 p. (Coll. « Critique »)
Pp. 7–22, 64–71, 109–30, 186–9.

J.-P. P.-H.   Voir [PÉRONCEL-HUGOZ]

KONTIZA, Catherine. *"L'Espoir" et "Cités de la dérive". Roman et histoire*. Thèse de Doctorat Nouveau Régime, sous la direction de Marc Ferro, École des Hautes Études en Sciences Sociales, 1993. 588 f.
Thèse consultable à Paris-III - BU Centrale : TMC 1231.mc.

KRAUSS, Rosalind, « 1959, 9 janvier. Le Président Charles de Gaulle confie à André Malraux le ministère des Affaires culturelles. Le ministère du destin », pp. 940–6 in *De la littérature française* (Sous la direction de Denis HOLLIER. Paris, Bordas, 1993. XXVII-1091 p.).

LAPIERRE, Alexandre, « 1934 : André Malraux part à la recherche de la reine de Saba, en Arabie », *Lire*, n° 213, juin 1993, p. 26.
C. r. de MALRAUX, *La Reine de Saba...* (1993 *notice*).

LARCAN, Alain. *Charles de Gaulle : itinéraires intellectuels et spirituels*. Préface de Maurice SCHUMANN. Paris, Conseil international de la langue française / Nancy, Presses Universitaires de Nancy, 1993. 550 p. (Coll. « Histoire contemporaine »)
Pp. 365–7 : « Le Courant résistant et les écrivains gaullistes. André Malraux ».

LEE, In Chul. *La Valeur suprême selon François Mauriac, André Malraux et Marguerite Yourcenar. « Comment l'homme se soumet-il à des valeurs suprêmes ? »*. Thèse Nouveau Régime, sous la direction de Jean Sarocchi, Université de Toulouse 2, 1993. 424 f.
[*Non vérifié.*]
Thèse consultable à Toulouse BU - Lettres : TR 1005-1993. 50.x.

LENGEREAU, Éric. *Les Institutions de l'enseignement de l'architecture sous le ministère Malraux : l'enseignement de la réforme*. Mémoire de D.É.A. en architecture, sous la direction de Alain Dervieux. École d'architecture de Paris-Belleville, 1993. 99 f.
Mémoire consultable au Centre de documentation de l'École d'architecture de Paris-Belleville : TA93V1.

LÉONARD, Yves, « Éditorial », *Cahiers français*, n° 260, 1993, p. 2.

LETHBRIDGE, Robert, « Invincible dialogue: Malraux, Michelangelo and Michelet », *French Studies*, Vol. 47, no. 3, July 1993, pp. 351-2.

LÉVY, Bernard-Henri. *Les Aventures de la liberté : une histoire subjective des intellectuels*. Paris, Librairie générale française, 1993. 638 p. (Coll. « Le Livre de poche »)

Pp. 247–51 : « "Une Espèce inédite d'écrivains" (Malraux en Espagne) ».
Pp. 253–68 : « "Écoutez Paul Nothomb" (Malraux en Espagne, suite) ».
P. 269 : « "La Part d'ombre du tableau" (Malraux encore) ».
Pp. 287–9 : « "Tard dans la Résistance" (Malraux et Josette Clotis) ».
Pp. 337–52 : « André Malraux, qui semble tourner le dos aux idéaux de sa jeunesse ».
Édition antérieure : Paris, B. Grasset, 1991.

LLOYD, Rosemary, « Translating theory », *French Studies Bulletin*, no. 49, Winter 1993, pp. 15–7.

LYOTARD, Jean-François, « Di un gatto (Malraux e la gloria) », trad. G. SCIBILIA, *Aut Aut*, n° 256, luglio-agosto 1993, pp. 47–60.

LYOTARD, Jean-François. *Moralités postmodernes*. Paris, Galilée, 1993. 211 p. (Coll. « Débats »)

Pp. 143–57 : « Monument des possibles ».

MARTIN DU GARD, Roger. *Journal*. 2 : *1919–1936*. Édition établie, présentée et annotée par Claude SICARD. Paris, Gallimard, 1993. 1378 p.

Pp. 1321–6 : « Le couple André Malraux. Pontigny 1928. Dossiers sujets. (Partiellement utilisé par Meynestrel) ».

MARTIN DU GARD, Roger. *Journal*. 3 : *1937–1949*. Édition établie, présentée et annotée par Claude SICARD. Paris, Gallimard, 1993. 1324 p.

Plusieurs références à Malraux.

MAURIAC, François. *Bloc-notes*. T. IV : *1965–1967*. Avant-propos de Jean LACOUTURE ; présentation et notes de Jean TOUZOT. Paris, Seuil, 1993. 589 p. (Coll. « Points/Essais »)

Pp. 513–7 : « Dimanche 8 octobre [1967] ».
Déjà paru dans *Le Nouveau Bloc-notes, 1965–1967* (Paris, Flammarion, 1970), pp. 407–10.

MAURIAC, François. *Bloc-notes*. T. V : *1968–1970*. Avant-propos de Jean LACOUTURE ; présentation et notes de Jean TOUZOT. Paris, Seuil, 1993. 415 p. (Coll. « Points/Essais »)

> Pp. 257–60 : « Jeudi 23 octobre [1969] ».
> Déjà paru dans *Le Dernier Bloc-notes, 1968–1970* (Paris, Flammarion, 1971), pp. 235–7.

MOATTI, Christiane, « Visite à l'atelier d'un "Génie réfractaire". Malraux chez Picasso », pp. 177–97 in *L'Artiste en représentation* (Actes du colloque Paris III - organisé par le Centre de recherches littérature et arts visuels, Université de la Sorbonne nouvelle, 16-17 avril 1991. Textes réunis par René DÉMORIS. Paris, Éditions Desjonquières, 1993. 213 p.).

MOINOT, Pierre. *Tous comptes faits*. Entretiens avec Frédéric BADRÉ *et* Arnaud GUILLON. Paris, Quai Voltaire, 1993. 261 p.

> Pp. 111–52 : « Les premières "années Malraux" ».
> Pp. 153–65 : « Une aventure nouvelle ».
> Pp. 167–84 : « Les secondes "années Malraux" ».
> Pp. 185–91 : « Un homme qui se promenait ».
> Voir : 1997 MOINOT.

MORRIS, Frances. *Paris post war: art and existentialism: 1945–1955.* London, Tate Gallery, 1993. 238 p.

> Nombreuses références à Malraux.

MOURA, Jean-Marc, « Images des relations de l'Europe et du tiers monde dans les lettres françaises après 1945 », pp. 463–72 in *L'Europe : reflets littéraires* (Actes du Congrès national de la Société française de littérature générale et comparée, Nanterre, 24–27 septembre 1990. Textes recueillis et présentés par Claude DE GRÈVE *et* Colette ASTIER. Paris, Klincksieck, 1993. 507 p. [(Coll. « Actes et colloques »)]).

MUGNIER, Françoise, « Quelques romans français de la guerre d'Indochine », *Francofonia*, n° 24, 1993, pp. 77–90.

[PÉRONCEL-HUGOZ, Jean-Pierre] J.-P. P.-H., « Malraux chez la reine de Saba », *Le Monde* [*des livres*], n° 15086, 30 juillet 1993, p. 12.

> C. r. de MALRAUX, *La Reine de Saba...* (1993 *notice*).

[PÉRONCEL-HUGOZ, Jean-Pierre] J.-P. P.-H., « La Reine de Saba de Malraux », *Le Monde* [*des livres*], n° 15091, 7 août 1993, p. 10.

> C. r. de MALRAUX, *La Reine de Saba...* (1993 *notice*).

PERRIER, Jean-Claude, « Malraux et la reine de Saba », *Jeune Afrique*, n° 1692, 10–16 juin 1993, pp. 86-7.
C. r. de MALRAUX, *La Reine de Saba...* (1993 *notice*).

PINELLI, Pier Luigi, « "André Malraux" : l'imaginaire de l'écriture, Minard, 8, 1991, pp. 236 », *Studi francesi*, an. 27, fasc. I, gennaio-april 1993, n° 123, pp. 187-8.

POIROT-DELPECH, Bertrand, « Obliques. Réactions », *Le Monde*, n° 14984, 31 mars 1993, p. 15.

POUJOL, Geneviève. *La Création du ministère des Affaires culturelles, 1959–1969. Éléments pour la recherche.* Paris, Ministère de la Culture-DEP, 1993. 96 p.
Nombreuses références à Malraux.

PRÉVOT, Catherine. *Auteurs du XXᵉ siècle.* Paris, Belin, 1993. 143 p. (Coll. « Dicobac »)
Pp. 85–9 : « André Malraux (1901–1976) ».

QUACH, Gianna Cahn. *The Myth of the Chinese in the Last Nineteeth and Twentieth Centuries.* Ph.D., Columbia University, sous la direction de Edward Saïd, 1993. 414 f.
Nombreuses références à Malraux.
Voir : 1994 QUACH.

RADULESCU, Domnica Vera-Maria, « *André Malraux: The "Farfelu" as Expression of the Feminine and the Erotic.* University of Chicago, 1992 », *Dissertation Abstracts International*, Vol. 54, no. 5, November 1993, p. 1824A.
Voir : 1992 RADULESCU.

RAHNER, Mechtild. *"Tout est neuf ici, tout est à recommencer..." Die Rezeption des französischen Existentialismus im Kulturellen Feld Westdeutschlands (1945–1949).* Würzburg, Königshausen & Neumann, 1993. 353 p. (Coll. « Epistemata. Reihe Philosophie »)
Nombreuses références à Malraux.

RASOAMANANA, Linda, « Lecture durandienne de la "Voie royale" de Malraux », *Recherches sur l'imaginaire*, t. 24, 1993, pp. 299–320.

RASSON, Luc. *Châteaux de l'écriture*. Vincennes, Presses Universitaires de Vincennes, 1993. 184 p. (Coll. « Culture et Société »)
Pp. 103–18 : « Un château en Espagne : *L'Espoir* ».
Version remaniée de : « D'un château l'autre : Malraux, Kafka, Brasillach », *Revue belge de philologie et d'histoire*, vol. 65, n° 3, 1983, pp. 562–73.

RECHNIEWSKI, Élizabeth, « Forms of Commitment in Contemporary France », *Meanjun*, Vol. 52, no. 1, Autumn 1993, pp. 59–66.

RIEFFELL, Rémy. *La Tribu des clercs : les intellectuels sous la Ve République 1958–1990*. Paris, Calmann-Lévy / CNRS éditions, 1993. 692 p. (Coll. « Liberté de l'esprit »)
Pp. 193–6 : « L'Écrivain-ministre du général de Gaulle ».

RIEUNEAU, Maurice, « Les Fractures de l'histoire dans le roman du XXe siècle », pp. 115–23 in *De la fêlure à la fracture : hommage à Philippe Renard* (Textes réunis par Claude AMBROISE *et* Jean SGARD, Grenoble, ELLUG, 1993. 286 p.).

ROMEISER, John. B., « Dao Vinh. *André Malraux ou la quête de la fraternité*. Histoire des idées et critique littéraire, Geneva, Droz, 1991 », *The French Review*, Vol. 67, no. 1, October 1993, pp. 143-4.

RONDEAU, Daniel, « André Malraux, la dernière idole », *Le Nouvel Observateur*, n° 1499, 29 juillet–4 août 1993, pp. 62–6.

ROUART, Jean-Marie, « Esprit », *Le Figaro* [*littéraire*], n° 15079, 12 février 1993, pp. 1-2.

SAINT-CHERON, François DE, « *André Malraux 8, L'imaginaire de l'écriture*. Textes réunis par Christiane Moatti, *La Revue des Lettres Modernes*, Minard, 1991 », *Revue d'histoire littéraire de la France*, vol. 93, n° 5, septembre-octobre 1993, pp. 786-7.

SANSEN, Raymond, « Variations sceptiques sur le thème de la mort : de Marx à Camus », *Mélanges de science religieuse*, vol. 50, n° 2, 1993, pp. 83–98.

SCHIER, Donald, « Man everlasting ? », *Sewanee Review*, Vol. 101, no. 1, Winter 1993, pp. 21-2.
C. r. de MALRAUX, *The Walnut Trees of Altenburg* (1993 *notice*).

SCHREIBER, Hermann, « Ein "Chinesisher" Roman über französische und andere Zustände : *La Condition humaine* (1933) von André Malraux », pp. 187–96 in *Zeitgeschichte und Roman im entre-deux-guerres* (Edited par Edward REICHEL *und* Heinz THOMA. Bonn, Romanistischer Verlag, 1993. 285 p. [(Coll. « Abhandlungen zur Sprache und Literatur »]).

SCHUBERTH, Colette, « Malraux en Guyane », *Le Monde*, n° 14987, 3 avril 1993, p. 29.

SHERINGHAM, Michael. *French Autobiography. Devices and Desirs: Rousseau to Perec.* Oxford, Clarendon Press, 1993. XI-350 p.
Nombreuses références à Malraux.

SHIMIZU, Masako, « La Genèse de la peinture et/ou la constitution du monde esthétique », *Recherches sur la philosophie et le langage*, n° 15, 1993, pp. 357–70.

SHORLEY, Christopher, « André Malraux ou la quête de la fraternité. By Vinh Dao », *French Studies*, Vol. 47, no. 2, April 1993, pp. 239-40.

Significant Others: Creativity and Intimate Partnership. Edited by Whitney CHADWICK *and* Isabelle DE COURTIVRON. London - New York, Thames and Hudson, 1993. 189 p.
Nombreuses références à Malraux.

SOUBIGOU, Gilbert, « L'Aventurier-Roi personnage oublié de la littérature exotique », *Les Carnets de l'exotisme*, n° 12, juillet–décembre 1993, pp. 7–16.

SPENCE, Jonathan D.. *Chinese Roundabout: Essays in History and Culture.* New York - London, W.W. Norton, 1993. XIII-400 p.
Pp. 68–77 : « Malraux's Temptation » (notes : pp. 358-9).
Ce chapitre a servi d'introduction à MALRAUX, *The Temptation of the West* (1992 *notice*).

SPENDER, Stephen. *Autobiographie : 1909–1950.* Trad. de l'anglais par Guillaume VILLENEUVE. Paris, Christian Bourgeois, 1993. 473 p.
Pp. 327-8.

SURCHAMP, Dom Angelico. *L'Art roman : rencontre entre Dieu et les hommes. Entretiens avec Gwendoline Jarczyk.* Paris, Desclée De Brouwer, 1993. 207 p.
Pp. 129–40 : « Malraux me dit un jour : "N'avez-vous pas remarqué

que dans toute la décoration du Vatican ne figure pas un seul Christ en croix !" ».

SURGERS, Jean, « Malraux et les mouvements involontaires », *Les Dossiers de l'Histoire*, n° 90, 1993, pp. 20–6.

TALON, Guy, « *La Voie royale* et *La Condition humaine* de Malraux relues par Christiane Moatti », *L'École des lettres* (II), vol. 84, n° 14, 15 juin 1993, pp. 95–9.

● TANNERY, Claude. *Malraux l'agnostique absolu ou la métamorphose comme loi du monde.* Doctorat Nouveau Régime en Lettres Modernes, sous la direction de Christiane Moatti. Université de la Sorbonne Nouvelle - Paris III, 1993. 615 f.
Thèse consultable à Paris III - BU : TP 1992 116.ma.

THIBAUDET, Jean-Pierre, « Malraux - Lang : du ministre artiste au ministre créateur », *Libération*, n° 3588, 30 mars 1993, pp. 40-1.

THORNBERRY, Robert S., « El debat político de *La Esperanza* de Malraux », *Anthropos : Revista de Documentación Científica de la Cultura*, n° 148, Septiembre 1993, pp. 68–72.

TONNET-LACROIX, Éliane. *La Littérature française de l'entre-deux-guerres (1919–1939).* Paris, Nathan, 1993. 221 p. (Coll. « Fac. Littérature »)
Nombreuses références à Malraux.

TSUGAWA, Hiroyuki, « André Malraux et l'enfance qui lui manque », *Jinbun Kenkyu*, vol. 45, n° 9, 1993, p. 65.

URFALINO, Philippe, « De l'anti-impérialisme américain à la dissolution de la politique culturelle », *Revue française de science politique*, vol. 43, n° 5, octobre 1993, pp. 823–49.

VANDEGANS, André, « André Malraux. Situation et portrait de l'écrivain », *Bulletin de l'Académie Royale de Langue et Littérature Françaises*, t. 71, n° 3-4, 1993, pp. 253–64.

VILLANI, Sergio, « Moatti, Christiane, et David Bevan, eds.: *André Malraux : unité de l'œuvre, unité de l'homme*, Paris, Documentation Française, 1989 », *The French Review*, Vol. 66, no. 4, March 1993, pp. 675-6.

VOGEL, Marine, « Faut-il des diplômes pour être romancier ? », *Lire*, n° 216, septembre 1993, pp. 30–7.

WAGNER, Jon Nelson. *Film Fatal: Essays on Spectatorial decline.* University of Southern California, Ph.D., 1993.
Nombreuses références à Malraux.
Voir : 1994 WAGNER.

WHITESIDE, Kerry H., « Malraux and the Problem of a Political Metaphysics », *French Forum*, Vol. 18, no. 2, May 1993, pp. 195–212.

ZOLLNER, Frank, « Leonardos Mona Lisa, 1963 : Kunst und Kalter Krieg », *Berlin, Akademie*, vol. 3, 1993, pp. 75–88.

1994

3 janvier : Geneviève de Gaulle, Émile Biasini et Pierre Moinot se souviennent de la naissance du ministère des Affaires culturelles et de son premier ministre nommé par le général de Gaulle et évoquent la politique culturelle de Malraux, les rapports entre l'État et l'artiste, l'attitude de Malraux en 1968-1969 (« L'Histoire en direct », France Culture).

10 janvier : Jean Lacouture, Pierre Assouline, Curtis Cate, Pascal Ory, André Holleaux participent à un débat public, en direct du studio 105 et commentent le portrait de Malraux par le général de Gaulle puis font un bilan de la politique culturelle de Malraux (« L'Histoire en direct », France Culture).

14 janvier : Bernard Mounier raconte sa rencontre et le discours de Malraux sur Mao-Tsé-Toung (« Le Temps qui change », France Culture).

26 janvier : À l'occasion de la sortie de la biographie par Curtis Cate, conversation de 50 minutes entre Robert Mallet, André Brincourt et Curtis Cate (« Lettres ouvertes », France Culture).

22 février : Marcel Landowski évoque son action en faveur de la musique auprès de Malraux (« Bleu tonique », Radio Bleue).

24 mars : Sur les entretiens de Philippe de Saint Robert avec Malraux (« À voix nue », France Culture).

1er mai : Guy Konopnicki parle de la politique culturelle (« Un jour au singulier », France Culture).

18 mai : Roger Gouze évoque les relations entre François Mitterrand et Malraux (« Lettres ouvertes », France Culture).

Mai : Un extrait de « **Esquisse d'une psychologie du cinéma** » est publié dans le n° 224 de la revue *Lire* (pp. 38–43). Cette « Esquisse », écrite en 1939 après le tournage de *Sierra de Teruel*, reproduite en 1941 dans la revue *Verve* et publiée à tirage limité en 1947 chez Gallimard, n'a jamais été rééditée. En 1976 le Festival de Cannes, pour fêter ses trente ans avec éclat, en fit diffuser hors commerce un tirage confidentiel. (Voir *infra* 1996 *notice*).

4 juin : Pierre Moinot parle des rapports de Malraux et de Lawrence (« Littérature pour tous », France Culture).

20 octobre : Michel Cazenave, « La Lecture de Barrès par Malraux » (« Une vie, une œuvre », France Culture).

Au cours de l'année : Naïm KATTAN, « **Entretien avec André Malraux** », *Revue André Malraux Review*, Vol. 25, no. 1-2, 1994-95, pp.199–204. Interview précédemment publiée dans *Perspectives* (vol. 17, n° 27, juillet 1975, pp.18–21).

*

(classement alphabétique des périodiques contenant des contributions anonymes)

Fnac Agenda (1994)

***, « L'Histoire en direct sur France Culture. Malraux, ministre de la Culture » (janvier, p. 13).

*

AJCHENBAUM, Yves-Marc. *À la vie, à la mort : l'histoire du journal "Combat" : 1941–1974.* Paris, « Le Monde » éd., 1994. 393 p.
> Pp. 167–9 : « De Gaulle démissionne du gouvernement ».

AMADO, Hermínia, « Écritures du tragique dans "La Condition humaine" d'André Malraux », pp. 147–63 in *"André Malraux : la foi en l'homme".*

AMELL, Samuen, « Max Aub, André Malraux y Luis Buñuel : cine y literatura », *Cuadernos para la investigación de la literatura hispánica,* nº 19, 1994, pp. 309–15.

AMETTE, Jacques-Pierre,
> « Un Autre Malraux », pp. 64-5
> « Relire Malraux », p. 70
> *Le Point,* nº 1143, 13–20 août 1994.

● *"André Malraux : la foi en l'homme",* *Confluências,* nº 11, Novembro 1994. 200 p.
> Voir : AMADO, BOCKEL, BRINCOURT, JOURDAN, LACOUTURE, LINDEZA DIOGO, MOATTI, PANNIER, QUAGHEBEUR, ROBALDO CORDEIRO, ROSÁRIO GIRÃO RIBEIRO DOS SANTOS.

Anthologie de la littérature française : XXᵉ siècle. Sous la direction de Robert HORVILLE. Paris, Larousse, 1994. 245 p. (Coll. « Classiques Larousse »)
> Pp. 168–73.

● ANTHOR, Marc. *Mythomanie et métamorphoses des personnages de Malraux : les tentatives d'appropriation du monde.* Mémoire de

D.É.A. en Sciences politiques sous la direction de Jean-Pierre Bernard. Institut d'Études Politiques [IÉP], Grenoble, 1994. 127 f.
Mémoire consultable à Grenoble 2 - Institut d'études politiques : IZ/94 4159.m.

ARAGON, Louis, Jean AUDARD, Odette BLANC, « À propos de *La Condition humaine* et du *Temps du mépris* », pp. 209–16 in *"Une Relation particulière avec le monde..."*.

ASSOULINE, Pierre. *Trois hommes d'influence : biographie de Gaston Gallimard, D.-H. Kahnweiler, Albert Londres*. Paris, Balland, 1994. 1484 p.
Nombreuses références à Malraux.

BAILLARGEON, Stéphane, « Malraux s'en va-t-en guerre », *Le Devoir* [Cahier D Livres], 1er mai 1994, p. D7.
C. r. de 1993 CATE, *André Malraux*.

BEAUMARCHAIS, M.[arie]-A.[lice] DE,
    « *Antimémoires*. Texte autobiographique d'André Malraux (1901–1976), publié à Paris chez Gallimard en 1967 », pp. 100–2
    « *Condition humaine* (la) », pp. 402-3
    « *Conquérants* (les) », pp. 412-3   Vol. 1
    « *Espoir* (l') », pp. 657-8   Vol. 2
    « *Les Chênes qu'on abat...* », pp. 1091-2
    « *Métamorphose des dieux* (la) », pp. 1275–7
    « *Noyers de l'Altenburg* (les) », pp. 1393-4   Vol. 3
    « *Tentation de l'Occident* (la) », pp. 1870-1
    « *Voie Royale* (la) », p. 2051   Vol. 4
in *Dictionnaire des œuvres littéraires de langue française* (Publié sous la direction de Jean-Pierre DE BEAUMARCHAIS, Daniel COUTY. Paris, Bordas, 1994. 4 vol. XV-2159 p.).

BÉNIT, André, « Malraux : une visite à Bruxelles (1935) », pp. 205–8 in *"Une Relation particulière avec le monde..."*.

BERMOND, Daniel, « Un Hongrois fervent de Malraux », *Lire*, n° 220, janvier 1994, p. 26.

BERTRAND, Henry, « Colonel Berger : André Malraux (1901–1976) », *La Cohorte*, n° 126, février 1994, pp. 13-5.

BILLARD, Pierre, « Histoire d'"Espoir" », *Le Point*, n° 1143, 13–20 août 1994, p. 69.

BLANCHOT, Maurice. *L'Instant de ma mort*. Saint-Clément, Fata Morgana, 1994. 19 p.
> Pp. 19-20.
> Voir : 2002 BLANCHOT.

BOCKEL, Pierre,
> « André Malraux face à la mort », pp. 37–40
> « Dialogue avec Pierre Bockel : l'amitié de Malraux », pp. 41–7
> (Réalisé le 13 avril 1982, cet entretien est resté jusque-là inédit).
> in *"André Malraux : la foi en l'homme"*.

BOISDEFFRE, Pierre DE. *Contre le vent majeur. Mémoires 1368–1968*. Paris, B. Grasset, 1994. 594 p.
> Pp. 218–21, 234-5, 284–7, 309-10.

BOISDEFFRE, Pierre DE, « À travers l'histoire. *André Malraux* de Curtis Cate », *La Revue des deux mondes*, n° 3, mars 1994, pp. 178–81.

BORD, Claude-Henry DE, « André Malraux : *Vie de Napoléon par lui-même*. Préface de Jean GROSJEAN. Postface de Philippe DELPUECH. Gallimard, 1993 », *Études*, vol. 380, février 1994, p. 268.

BOSSY, Jean-François, « L'Art : monde et autonomie », pp. 115–27 in *"André Malraux : la foi en l'homme"*.

BOUCHEZ, Emmanuelle, « André Malraux ministre », *Télérama*, n° 2294, 29 décembre 1994, p. 117.

BOULOUMIÉ, Arlette, « Les Jardins exotiques de la littérature », *Les Carnets de l'exotisme*, n° 13, 1994, pp. 111–9.

BOURG, Tony. *Recherches et Conférences littéraires : recueil de textes*. Édité par Jean-Claude FRISCH, Cornel MEDER, Jean-Claude MULLER *et* Frank WILHELM. Luxembourg, Publications nationales du Ministère des Affaires culturelles, 1994. 799 p.
> P. 186 : « De "La Condition humaine" aux "Noyers de l'Altenburg" ».
> Pp. 222–8 : « André Malraux ».
> Déjà paru dans *D'Letzeburger Land* le 13 juin 1958.
> Pp. 330–48 : « Un ami allemand d'André Gide : Bernard Groethuysen (1880–1946) ».
> Partiellement consacré à Malraux.

Pp. 602–22 : « Madame Mayrisch et l'Orient. Présence de Joseph Hackin ».
Partiellement consacré à Malraux.
Pp. 695-6 : « Correspondance avec André Gide (1901–1976) ».

BRINCOURT, André, « Malraux : des clichés surexposés », *Le Figaro* [*littéraire*], n° 15359, 7 janvier 1994, p. 4.
C. r. de 1993 CATE, *André Malraux*.

BRINCOURT, André, « Métamorphose et destin chez André Malraux », pp. 9–24 in *"André Malraux : la foi en l'homme"*.

B. S.-V. Voir [SAINT-VINCENT]

CASTILLO DURANTE, Daniel, « Le Concept de culture chez André Malraux à l'aube du nouveau millenium », pp. 134–42 in *"Une Relation particulière avec le monde..."*.

CAZANOVA, Nicole, « Malraux apprivoisé », *La Quinzaine littéraire*, n° 641, 16–28 février 1994, p. 17.
C. r. de 1993 CATE, *André Malraux*.

CHASTEL, André. *Architecture et patrimoine : choix de chroniques du journal "Le Monde"*. Textes réunis et annotés par Dominique HERVIER *et* Christiane LORGUES-LAPOUGE. Préface de Jacques TOUBON. Paris, Inventaire général des monuments et des richesses artistiques de la France / Imprimerie nationale, 1994. 243 p.
Nombreuses références à Malraux.

CHATWIN, Bruce. *Qu'est-ce que je fais là*. Trad. de l'anglais par Jacques CHABERT. Paris, Librairie générale française, 1994. 437 p. (Coll. « Le Livre de poche »)
Pp. 108–27 : « André Malraux ».
Voir : 1991 CHATWIN.

CHAUFFIER-MARTIN, Gilles, « De Malraux à Bernard-Henri Lévy. L'éternelle soif d'ingérence des intellectuels », *Paris-Match*, n° 2351, 16 juin 1994, pp. 3–5 et 8.

CHEN, Xiaoying, « La Méthode artistique des romans de Malraux », *Presses de l'Université de Hangzhou*, vol. 24, n° 4, 1994, pp. 164–167.   [*Non vérifié.*]

CLUNY, Claude-Michel, « Le Conquérant de l'écriture. La biographie de Malraux par Curtis Cate. Tout sur la mystérieuse rencontre entre l'homme d'action et l'écrivain », *L'Express*, n° 2223, 10–16 février 1994, p. 109.

Le Condottiere et le magicien. Correspondance André Suarès — Jacques Doucet. Choisie, établie et préfacée par François CHAPON. Paris, Julliard, 1994. 545 p.

> Pp. 375–7 : « Lettre du 12 août 1924 ».
> Portrait du jeune Malraux lors de l'affaire d'Angkor.

• *Confluências* Voir *"André Malraux : la foi en l'homme"*.

COPIN, Henri. *L'Indochine dans la littérature française des années vingt à 1954. Exotisme et altérité.* Thèse de Doctorat Nouveau Régime en Lettres Modernes, sous la direction de Pierre Brunel. Université de Sorbonne Paris IV, 1994. 434 f.

> Nombreuses références à Malraux.
> Thèse consultable à Paris - Sorbonne - BIU Centrale : TMC 2304.mc.

COURNOT, Michel, « Trois actrices ruent dans les brancards », *Le Monde*, n° 15358, 14 juin 1994, p. 21.

COURTIVRON, Isabelle DE, « The Resistance and the liberation of Clara Malraux », *Contemporary French Civilization*, Vol. 18, no. 1, Winter-Spring 1994, pp. 23–32.

DEMIROGLOU, Élisabeth, « La Persistance de la mort dans les "Écrits farfelus" d'André Malraux et la découverte de la vérité de la vie. 2ᵉ partie », *Racine*, n° 21, décembre 1994, pp. 3–12.

> Pour la première partie de cet article voir : 1991 DEMIROGLOU.

DENIS, Stéphane, « Malraux et son carré de dames », *Paris-Match*, n° 2358, 4 août 1994, pp. 3–5.

DESHUSSES, Pierre *et* Léon KERLSON. *La Littérature française au fil des siècles : XIXᵉ, XXᵉ siècle.* Paris, Bordas, 1994. 450 p.

> Pp. 377–82.

DORENLOT, Françoise, « (...) je ne suis pas à l'aise dans l'intelligible », pp. 87–104 in *"Une Relation particulière avec le monde..."*.

DOUCET, Jacques   Voir *Le Condottiere et le magicien.*

DREYFUS, François-Georges, « Loin des maquis. Les écrivains français sous l'Occupation », *Enquête sur l'histoire*, n° 10, printemps 1994, pp. 22–4.

DUCHATEL, Annick, « La Femme derrière le grand homme », *Elle Québec*, n° 94, juin 1994, pp. 60-1.
Le triste sort des compagnes de certains hommes célèbres telles Clara Malraux, Alma Mahler, Jenny Marx, etc..

DUFREIGNE, Jean-Pierre, « Et Malraux fit ravaler Paris ! », *Lire*, n° 220, janvier 1994, p. 99.
C. r. de 1993 CATE, *André Malraux.*

• DUMAZEAU, Henri. *"La Condition humaine", Malraux : analyse critique.* Paris, Hatier, 1994 [Nouveau tirage]. 95 p. (Coll. « Profil d'une œuvre »)
Édition antérieure : 1970 et réédité en 1992.

DUTOURD, Jean. *Domaine public.* Paris, Flammarion, 1994. 353 p.
Pp. 205-6 : « Napoléon unique : André Malraux. *La Vie de Napoléon par lui-même* ».

DUVE, Thierry DE, « Echoes of the readymade: Critique of pure modernism », *October*, no. 70, Fall 1994, pp. 61–97.

ELBAZ, Robert, « *Antimémoires:* Transgressing the Autobiographical Tradition », pp. 67–86 in *"Une Relation particulière avec le monde...".*

ENTHOVEN, Jean-Paul, « Le Prince farfelu », *Le Point*, n° 1112, 8–15 janvier 1994, pp. 70-1.
C. r. de 1993 CATE, *André Malraux.*

ENTHOVEN, Jean-Paul, « Écrivains et politique : le retour de Malraux », *Le Point*, n° 1143, 13–20 août 1994, pp. 62–71.

FERENCZI, Thomas, « Radio France-Culture : l'histoire en direct. Le rêve de Malraux », *Le Monde* [Radio-Télévision], n° 15225, 9-10 janvier 1994, p. 7.

FRANK, Bernard, « Histoires de menteurs », *Le Nouvel Observateur*, n° 1522, 6–12 janvier 1994, pp. 72-3.
C. r. de 1993 CATE, *André Malraux.*

FREITAS, Maria Teresa DE, « Histoire et modernité dans la fiction littéraire de Malraux », pp. 114–33 in *Une Relation particulière avec le monde...* ».

FREITAS, Maria Teresa DE, « Trotsky e Malraux : sobre o marxismo na Literatura », pp. 203–16 in O. COGGIALO (org.). *Trotsky Hoje* (São Paulo, Ensaio, 1994). [*Non vérifié.*]

FREITAS, Maria Teresa DE, « Écriture de l'Histoire, écriture de la modernité : la fiction littéraire de André Malraux », *Uniletras*, n° 16, 1994, pp. 19–35. [*Non vérifié.*]

FREITAS, Maria Teresa DE, « André Malraux e a Modernidade », pp. 51–60 in M.C. QUEIROS PINTO, G. CARNEIRO DO AMARAL (org.). *Parcours/Percursos 2* (São Paulo, Centro de Estudos Franceses - FFLCH/USP, 1994). [*Non vérifié.*]

GARRICK, John, « Zwei Stiere im Kampf. Die Rivalität von Hemingway und Malraux in Spaniene », *Sinn und Form*, Bd. 46, Nr. 1, 1994, pp. 72–82.

GENETTE, Gérard. *L'Œuvre de l'art. Immanence et transcendance*. Paris, Seuil, 1994. 299 p. (Coll. « Poétique »)
    Pp. 255–8.

GERMAIN, Michel. *Glières, mars 1944 : "vivre libre ou mourir!": l'épopée héroïque et sublime*. Montmélian, La Fontaine de Siloé, 1994. 358 p.
    Pp. 316–9 : « Discours d'André Malraux ».

GLAZER, Lee Stephens, « Signifying identity: art and race in Romare Bearden's Projections », *The Art Bulletin*, Vol. 76, no. 3, September 1994, pp. 411–26.

GOETSCHEL, Pascale *et* Emmanuelle LOYER. *Histoire culturelle et intellectuelle de la France au XXe siècle*. Paris, Armand Colin, 1994. 187 p. (Coll. « Cursus Histoire »)
    Pp. 151–4 : « Malraux : une mystique au service de la culture ».
    Voir : 2001 GOETSCHEL.

GOLLIET, Pierre. *Monument aux Glières. La Haute-Savoie, du pétainisme à la Résistance*. Thônes, Amis du Val de Thônes, 1994. 176 p. (Coll. « Cahiers des amis du Val de Thônes »)
    Pp. 139–49 : « Malraux inaugure le monument ».

GOUZE, Roger. *Mitterrand par Mitterrand : l'homme, l'écrivain*. Paris, Le Cherche Midi, 1994. 175 p.
    Pp. 115–9.

Le Grand atlas de la littérature française. Paris, Éditions Atlas - Bruxelles, Éditions Atlen, 1994. 439 p.
    Pp. 390-1 : « André Malraux ».
    Pp. 392-3 : « Malraux : *La Condition humaine* ».

GROS, Isabelle, « Coupeurs de tête : André Malraux et Victor Segalen », pp. 167–75 in *"Une Relation particulière avec le monde..."*.

GUILLEMIN, Henri. *Les Passions d'Henri Guillemin : recueil des chroniques parues dans "L'Express", à Neuchâtel, de décembre 1986 à avril 1992*. Préface de Jean LACOUTURE. Neuchâtel, À la Baconnière, 1994. 447 p.
    Pp. 50–4 : « Malraux au scalpel ».

GUYARD, Marius-François, « Malraux André, 1901–1976 », pp. 2204-5 in *Dictionnaire universel des littératures*. Vol. 2 : *G–O* (Sous la direction de Béatrice DIDIER. Paris, Presses Universitaires de France, 1994. 3 vol. 4393 p.).

GUYARD, Marius-François, « Derniers échos gidiens dans l'œuvre de Malraux », pp. 283–8 in *Lectures d'André Gide : hommage à Claude Martin* (Études rassemblées et présentées par Jean-Yves DEBREUILLE et Pierre MASSON avec l'aide de Victor MARTIN-SCHMETS. Lyon, Presses Universitaires de Lyon, 1994. 309 p.).

G.[UYARD], M.[arius]-F.[rançois],

« *Antimémoires* », pp. 300–2	
« *Chênes qu'on abat... (Les)* », p. 1086	Vol. 1
« Condition humaine (La) », pp. 1353-4	
« *Conquérants (Les)* », pp. 1382-3	
« Espoir (L') », p. 2376	Vol. 2
Hôtes de passage », pp. 3470-1	
« *Lazare* », p. 3957	Vol. 3
« *Noyers de l'Altenburg (Les)* », pp. 5052-3	
« *Oraisons funèbres* de Malraux », p. 5228	Vol. 4
« *Tête d'Obsidienne (La)* », pp. 7076-7	Vol. 6

→

in *Le Nouveau dictionnaire des œuvres : de tous les temps et de tous les pays.* 7 vol. (Sous la direction de Paul DE ROUX. Paris, R. Laffont, 1994. 7682 p. [Coll. « Bouquins »]).

HA, Marie-Paule, « The Role of Asian in Malraux's Humanism », *Symposium*, Vol. 48, no. 1, Spring 1994, pp. 16–35.

HAROUEL, Jean-Louis. *Culture et contre-cultures.* Paris, Presses Universitaires de France, 1994. 303 p. (Coll. « Politique d'aujourd'hui »)
Pp.184–8 : « Vilar, Malraux et la télévision ».
Voir : 1999, 2002 HAROUEL.

HARRIS, Geoffrey T., « *André Malraux ou la quête de la fraternité.* By Vinh Dao. Genève : Droz, 1991 », *The Modern Language Review*, Vol. 89, Part I, January 1994, pp. 224-5.

HARRIS, Geoffrey T., « History as Fiction and Desindividualisation in *Le Miroir des limbes* », pp. 32–42 in *"Une Relation particulière avec le monde..."*.

• HARRIS, Geoffrey T.. *Malraux and the Psychology of the Artist.* Salford, European Studies Research Institute [ESRI], University of Salford, 1994. 14 p. (Coll. « Literary and Cultural Studies »)
Voir : 1996 HARRIS.

• HARRIS, Geoffrey T.. *Malraux's "Le Temps du mépris": the impurity of a genre.* Salford, European Studies Research Institute [ESRI], University of Salford, 1994. 18 p. (Coll. « Literary and Cultural Studies »)

HAZAREESINGH, Sudhir. *Political Traditions in Modern France.* Oxford, Oxford University Press, 1994. VIII-355 p.
Pp. 295-6.

HOPITAL, Marie-Noëlle. *Quelques auteurs témoins de la guerre de 1939-40 : Gracq, Malraux, Saint-Exupéry, Sartre.* Thèse de Doctorat Nouveau Régime en Lettres Modernes, sous la direction de André Dabezies. Université Aix Marseille I, 1994. 496 f.
Thèse consultable à Aix-Marseille 1 - BU Lettres : TLD 4840.

L'Inventaire général des monuments et des richesses artistiques de la France. Paris, Ministère de la culture et de la francophonie. Direction du patrimoine, 1994. [32] p.

> Contient un texte de Malraux intitulé « Une Aventure de l'esprit », pp. [3-4].
>
> Plaquette déjà parue en 1964.

IRWIN, Robert, « A "Farfelu" quest », *Time Literary Supplement*, no. 4763, July 15, 1994, p. 25.

JACCOMARD, Hélène, « Le Statut du lecteur dans les *Antimémoires* », pp. 43-4 in *"Une Relation particulière avec le monde..."*.

JONG, Emelie DE. *Du Ministère Malraux aux années Duhamel : de la planification à la concrétisation d'une politique musicale française : 1959–1973.* Mémoire de D.É.A. en Histoire du XXe siècle, sous la direction de Serge Berstein. Institut d'Études Politiques [IÉP], Paris, 1994. 112 f.

> Mémoire consultable à la Bibliothèque de Sciences Po à Paris : COL 4e 3915 (338).

JOURDAN, Pierre, « Le Sens de l'aventure : de Malraux à Lévi-Strauss », pp. 79–90 in *"André Malraux : la foi en l'homme"*.

JUILLIARD-BEAUDAN, Colette, « Chant autobiographique sur partition mythique : Malraux et la *Tête d'obsidienne* », pp. 21–31 in *"Une Relation particulière avec le monde..."*.

KANCEFF, Emanuele, « Vinh Dao, André Malraux ou la quête de la fraternité, Genève, Droz, 1991 », *Studi francesi*, an. 38, fasc. I, maggio–agosto 1994, p. 388.

KATTAN, Naïm, « Entretien avec André Malraux », pp. 199–204 in *"Une Relation particulière avec le monde..."*.

> Voir : 1996 KATTAN.

• KHÉMIRI, Moncef. *L'Écriture épique dans l'œuvre d'André Malraux : étude des thèmes de la légende, de l'histoire et de l'art.* Préface de Samir MARZOUKI, postface de Jean SAROCCHI. Tunis, Publications de la Faculté des Lettres de la Manouba, 1994. 270 p. (Coll. « Publications de la Faculté des lettres de la Manouba », série « Lettres »)

KIBÉRI VARGA, Aron, « Causer, conter, stratégie du dialogue et du roman », *Littérature*, n° 93, février 1994, pp. 5–14.

KLINE, Thomas Jefferson, « Silence of the Limbes: Ellipsis and Repetition in Malraux's Autobiographical Writing », pp. 55–66 in *"Une Relation particulière avec le monde..."*.

KOESTLER, Arthur. *Œuvres autobiographiques*. Préface de Phil CASOAR. Paris, R. Laffont, 1994. 1405 p. (Coll. « Bouquins »)
  Pp. 785-6, 1283-4.

KOK-ESCALLE, Marie-Christine, « L'Anti-destin d'André Malraux. À propos de Vinh Dao : *André Malraux ou la quête de la fraternité*, Genève, Droz, 1991, 335 p. », *Rapports - Het Franse Boek*, vol. 64, n° 2, 1994, pp. 74–8.

LACOUTURE, Jean / ENTHOVEN, Jean-Paul, « La Plume et l'épée », *Le Point*, n° 1143, 13–20 août 1994, pp. 66–8.

LACOUTURE, Jean, « Entretien à propos d'André Malraux », pp. 31–6 in *"André Malraux : la foi en l'homme"*.
  Réalisé le 23 mars 1982, cet entretien est resté jusque-là inédit.

LACOUTURE, Jean,
  « André Malraux (1901–1976) », p. 30
  « *La Condition humaine*, 1933 (Manuscrit autographe) », p. 333 in *Les Plus beaux manuscrits des romanciers français* (Choisis et présentés par Annie ANGREMY. Paris, R. Laffont / Bibliothèque nationale de France, 1994. XV-429 p. [Coll. « La Mémoire de l'encre »]).

LAURENT, Jacques. *Du mensonge*. Paris, Plon, 1994. 110 p.
  Pp. 79-80 : « Malraux ».

LECLERQ, Pierre-Robert, « Malraux au choix. *Malraux*, Curtis Cate, Flammarion », *Le Magazine littéraire*, n° 320, avril 1994, pp. 142-143.

LEE, Mee-Jong. *Force et faiblesse chez les écrivains français en Asie : Paul Claudel, Saint-John Perse, Victor Segalen, Pierre Loti, Claude*

Farrère, Henri Michaud, André Malraux. Thèse de Doctorat Nouveau Régime en Lettres Modernes, sous la direction de Régis Antoine et Robert Jouanny. Université de la Sorbonne Paris IV, 1994. 421 f.

Pp. 284–393 : « Malraux ».
Thèse consultable à Paris IV - BIU Centrale : TMC 3414.mc.

LEON, Luis DE, « Literatura y acción : los hombres que buscan entierros hermosos », *Letras-Artes*, n° 39, 1994, pp. 66–71.

LEVY, Karen D., « Malraux, the Self, and the Covertly Feminine: Displacing the Mirror of Transcendance », pp. 2–20 in *"Une Relation particulière avec le monde..."*.

LIEDEKERKE, Arnould DE, « André Malraux : le parcours d'un combattant », *Le Figaro* [*Magazine*], n° 689, 8 janvier 1994, p. 98.
C. r. de 1993 CATE, *André Malraux*.

LINDEZA DIOGO, Américo António, « Mudeu imaginário », pp. 95–114 in *"André Malraux : la foi en l'homme"*.

MAMBRINO, Jean, « Curtis Cate : *Malraux*. Flammarion, 1994 [*sic*], 610 p. », *Études*, t. 380, n° 4, avril 1994, pp. 559-60.

MILLET, Catherine, « L'Art moderne est un musée », *Art Press*, spécial hors série, n° 15 : *"Les Espaces utopiques de l'art : de l'objet à l'œuvre"*, 1994, pp. 153–7. [*Non vérifié.*]

MOATTI, Christiane, « Malraux et Conrad », pp. 25–9 in *"André Malraux : la foi en l'homme"*.

MOATTI, Christiane, « André Malraux, écrivain d'art indépendant », *L'Esprit Créateur*, Vol. 34, no. 3, Fall 1994, pp. 71–81.

MOATTI, Christiane, « Malraux André », pp. 2031–3 in *Le Nouveau dictionnaire des auteurs : de tous les temps et de tous les pays*. Vol. 2 : *G–M* (Paris, R. Laffont, 1994. XXXI-3492 p. [Coll. « Bouquins »]).
Voir : 1999 MOATTI.

M.[OATTI], C.[hristiane],
> « *Homme précaire et la littérature (L')* », p. 3433 Vol. 3
> « *Lunes en papier* », p. 4245
> « *Métamorphose des Dieux* », pp. 4643-4
> « *Saturne* », pp. 4574-5 Vol. 4
> in *Le Nouveau dictionnaire des œuvres : de tous les temps et de tous les pays* (Sous la direction de Paul DE ROUX. Paris, R. Laffont, 1994. 6 vol. 7682 p. [Coll. « Bouquins »]).

MOLLARD, Claude. *L'Ingénierie culturelle*. Paris, Presses Universitaires de France, 1994. 127 p. (Coll. « Que sais-je ? »)
> Pp. 27–30 : « Le Système Malraux ».
> Voir : 1999 MOLLARD.

MONTÉTY, Étienne DE. *Thierry Maulnier. Biographie*. Paris, Julliard, 1994. 370 p.
> Pp. 282–7 : « La Condition humaine ».

ORSENNA, Erik, « [sans titre] », *Le Point*, n° 1143, 13–20 août 1994, p. 69.
> L'influence de la lecture des livres de Malraux sur le jeune Orsenna.

ORY, Pascal. *La Belle illusion : culture et politique sous le signe du Front populaire, 1935–1938*. Paris, Plon, 1994. 1033 p. (Coll. « Civilisations et mentalités »)
> Pp. 188–92 : « Le congrès mondial des écrivains ».
> Pp. 209–12 : « Deux ambitions culturelles ».
> Pp. 555–7 : « "L'Espoir" ».

PANNIER, Daniel-Jean,
> « André Malraux et Marcel Arland », pp. 49–61
> « L'Homme et la mort dans "Le Miroir des limbes" », pp. 91–4
> in *"André Malraux : la foi en l'homme"*.

Le Petit Robert : dictionnaire universel des noms propres. Dirigé par Alain REY. Paris, Le Robert, 1994. XXIX-2259 p.
> Pp. 1298-9 : « Malraux André ».

PEYREFITTE, Alain, *C'était de Gaulle*. T. I : *"La France redevient la France"*. Paris, Fayard, 1994. 598 p.
> Nombreuses références à Malraux.
> Voir : 1999, 2002 PEYREFITTE.

PICHOIS, Claude *et* Takashi HAYASHI, « Kiyoshi Komatsu entre Malraux et Gide », pp. 178–98 in *"Une Relation particulière avec le monde..."*.

● PLAS, William. *Malraux ou le berger de Corrèze*. Treignac, Les Monédières, 1994. 71 p.

QIAN, Linsen, « Statue de bronze prenant son repos éternel dans le paradoxe : Malraux et la Chine », *Foreign Literature Studies*, no. 2, 1994, pp. 71–6.

QUACH, Gianna Cahn, « *The Myth of the Chinese in the Last Nineteeth and Twentieth Centuries*. Ph.D., Columbia University, sous la direction de Edward Saïd, 1993. 414 f. », *Dissertation Abstracts International*, Vol. 54, no. 8, February 1994, p. 3020A.
    Voir : 1993 QUACH.

QUAGHEBEUR, Marc, « Quand Paul Notomb faisait d'André Malraux un personnage de roman », pp. 165–98 in *"André Malraux : la foi en l'homme"*.

RADULESCU, Domnica, « Malraux's *Royaume-Farfelu:* the Discourse of the Desire and the Symbolic Murder of Woman », *LittéRéalité*, Vol. 6, no. 1, Spring-Fall 1994, pp. 69–82.

RADULESCU, Domnica, « *Royaume-Farfelu*: the Phoenic and the Work of Art », pp. 153–66 in *"Une Relation particulière avec le monde..."*.

● RADULESCU, Domnica. *André Malraux: The "Farfelu" as Expression of the Feminine and the Erotic*. New York, Peter Lang Publishing, 1994. 216 p. (Coll. « American University Studies. Series II »)

● *Une Relation particulière avec le monde : essais sur Malraux et "Le Miroir des limbes"*. Réunis par Robert S. THORNBERRY / *A particular relationship with the world: Essays on Malraux and "Le Miroir des limbes"* ». Collected by Robert S. THORNBERRY. [Edmonton], R.S. Thornberry, 1994-1995. 256 p. (Coll. « Monographies RAMR »)
    Quatrième numéro spécial de la *Revue André Malraux Review*, Vol. 25, no. 1-2, 1994-1995.
    Voir : ARAGON, BÉNIT, CASTILLO DURANTE, DORENLOT, ELBAZ, FREITAS, GROS, HARRIS, JACCOMARD, JUILLIARD-BEAUDAN, KATTAN, KLINE, LEVY, PICHOIS, RADULESCU, RHYOU, THORNBERRY.

RHYOU, Bok-Ryeol, « L'Influence du système de Yin-Yang du Taoïsme dans les romans de Malraux », pp. 143–52 in *Une Relation particulière avec le monde...*".

ROBALDO CORDEIRO, Oliveira, « Malraux : visages, masques, grimaces », pp. 67–77 in *"André Malraux : la foi en l'homme"*.

● ROMEISER, John Beals. *André Malraux: A Reference Guide, 1940–1990*. New York, G K. Hall & Company, 1994. XI-384 p. (Coll. « Reference Publication in Literature »)

RONDEAU, Daniel. *Les Fêtes partagées. Lectures et autres voyages*. Paris, Nil Éditions, 1994. 314 p.
   Pp. 274–86 : « André Malraux, colonel d'aventures ».

ROSÁRIO GIRÁO RIBEIRO DOS SANTOS, Maria, « Um sentido para a vida : mundos paralelos e paraísos artificiais in *La Condition humaine* », pp. 129–46 in *"André Malraux : la foi en l'homme"*.

ROUSSEL, Bernard, « Malraux ou la quête d'un agnostique », pp. 129–39 in *La Quête du Graal chez les écrivains européens contemporains* (Textes rassemblés par Michel BONTE, Daniela FABIANI et Monique GRANDJEAN. Nancy, Presses Universitaires de Nancy, 1994. 182 p. [Coll. « Littérature française »]).

ROUSSEL, Éric. *Georges Pompidou : 1911–1974*. Nouvelle édition revue, augmentée, établie d'après les archives du quinquennat (1969–1974). Paris, J.-C. Lattès, 1994. 686 p.
   Nombreuses références à Malraux.
   Édition antérieure : 1984.

[SAINT-VINCENT, Bertrand DE] B. S.-V., « Malraux : visitez la légende », *Le Quotidien de Paris*, n° 4414, 19 janvier 1994, p. 11.
   C. r. de 1993 CATE, *André Malraux*.

SCHNAPER, Dominique, « De l'État-providence à la démocratie culturelle », *Commentaire*, vol. 17, n° 68, hiver 1994-95, pp. 889–95.

SEMPRUN, Jorge. *L'Écriture ou la vie*. Paris, Gallimard, 1994. 318 p.
   Pp. 73–5, 79-80.
   Voir : 1996 SEMPRUN.

SHORLEY, Christopher, « Bank Statements: Fiction and Money in France at the Time of the time of the crash: Céline, Queneau, Malraux », *Romance Studies*, Vol. 23, Spring 1994, pp. 61–72.

SISK, John P., « The Tyranny of the aesthetic », *The American Scholar*, Vol. 63, no. 1, Winter 1994, pp. 119–22.

SITU WANMAN, Marianne. *La Représentation de la Chine dans "Le Fils du ciel" de Victor Segalen et "La Condition humaine" d'André Malraux*. Thèse Université d'Ottawa, 1994. 378 f.
Voir : 1995 SITU WANMAN.

STIGLITZ, Beatrice, « Magie et métaphores félines dans le *Miroir des limbes* », *L'Esprit Créateur*, Vol. 34, no. 3, Fall 1994, pp. 107–12.

• STREICHENBERGER, Barbara. *La Responsabilité chez André Malraux*. Mémoire de D.É.A. en Philosophie du droit, Université de Paris II, 1994. 90 f.
Mémoire consultable à Paris-Cujas - BU : K237.

SUARÈS, André Voir *Le Condottière et le magicien*.

TALON, Guy, « "La Reine de Saba, une aventure géographique", par André Malraux, Cahiers de la NRF, Gallimard, 1993, 132 p. 80 f. », *L'École des lettres* (II), n°s 13-14, juillet 1994, pp. 112–5.

THIBAUD, Cécile, « Malraux, bis repetita », *Le Nouvel Économiste*, n° 930, 28 janvier 1994, p. 103.
C. r. de 1993 CATE, *André Malraux*.

THOMPSON, Brian, « Mauriac et Malraux devant le mystère du Mal », pp. 57–68 in *Mauriac devant le problème du mal* (Actes du colloque du Collège de France, 28 septembre–1er octobre 1992. Organisé par l'Association internationale des amis de François Mauriac. Textes réunis et présentés par André SÉAILLES. Paris, Klincksieck, 1994. 280 p. [Coll. « Mauriac et son temps »]).

THORNBERRY, Robert S.,
> « *Le Miroir des limbes* : éléments de bibliographie », pp. 105–11
> « Mise à jour bibliographique, 3. Ouvrages consacrés à André Malraux (1983–1996) », pp. 217–25
> « John B. Romeiser, *André Malraux: A Reference Guide (1940–1990),* New York: G.K. Hall & Co., 1994 », pp. 228–30
> « Anthologies of Writings by Malraux / Special issues of Periodicals/Conference Proceedings », pp. 230–4.
> in *"Une Relation particulière avec le monde..."*.

TSUGAWA, Hiroyuki, « Malraux et la technologie », *Jinbun Kenyu*, vol. 46, n° 1, 1994, p. 19.

TUCCI, Nina S., « Ferral of *La Condition humaine:* The Dissolution of the Karmic Cycle of Individualism », *Cincinnati Romance Review*, Vol. 13, 1994, pp. 152–61.

VANNIER, Gilles. *XXᵉ siècle*. T. 2 : *Depuis 1945.* Paris, Bordas, 1994. 222 p.
> Pp. 133–40 : « André Malraux (1901–1976) ».

WAGNER, Jon Nelson. « *Film Fatal: Essays on Spectatorial decline.* University of Southern California, Ph.D., 1993 », *Dissertation Abstracts International*, Vol. 55, no. 3, September 1994, p. 402A.
> Voir : 1993 WAGNER.

ZARADER, Jean-Pierre. *Petite histoire des idées philosophiques*, suivi d'un essai : *Le Statut de l'œuvre d'art chez André Malraux.* Paris, Éditions Marketing, 1994. 115 p. (Coll. « Ellipses »)
> Pp. 93–110 : « Le Statut de l'œuvre d'art chez André Malraux ».

1995

10 janvier : Pierre Moinot annonce les textes sur Lawrence (« À voix nue », France Culture).

11 et 12 janvier : Pierre Moinot parle de sa mission temporaire auprès de Malraux, de la création des Maisons de la Culture et de leurs missions nouvelles (« À voix nue », France Culture).

22 janvier : Paul Nothomb parle de sa rencontre et de la guerre d'Espagne (« Mémoire du siècle », France Culture).

28 janvier : Comment Zao Wou Ki, peintre, graveur, Chinois de Chine, né à Pékin en 1921 et vivant à Paris depuis 1948 est devenu citoyen français grâce à Malraux (« Mémoire du siècle », France Culture).

29 janvier : Françoise Verny parle de son admiration (« À titre provisoire », France Inter).

6 février : Geneviève de Gaulle évoque sa rencontre et les liens d'estime entre Malraux et Charles de Gaulle (« À voix nue », France Culture).

15 mars : André Brincourt évoque Malraux (« Lettres ouvertes », France Culture).

2 avril : André Brincourt évoque Malraux (« Les guetteurs du siècle », France Inter).

7 avril : François Chapon explique comment Malraux a légué ses archives à la Bibliothèque littéraire Jacques Doucet (« À voix nue », France Culture).

5 juin : Le diplomate François Valéry évoque l'emprise de Malraux sur Louise de Vilmorin. Il parle aussi de leurs chamailleries à propos des chats (« À voix nue », France Culture).

11 juin : Jean-Marie Drot, réalisateur de TV, parle avec passion à Jacques Chancel de l'hommage qu'il prépare (« Les guetteurs du siècle », France Inter).

12 septembre : Marcel Landowski parle de ses rapports avec Malraux (« Les grands entretiens », France Musique).

9 octobre : Marcel Landowski parle de la politique culturelle grâce à laquelle il a réformé les structures musicales en France (« À mots découverts », Radio Bleue).

12 novembre : Rachid Boudjedra confesse à Jacques Chancel qu'il puise sa force dans les écrits de Malraux (« Les guetteurs du siècle », France Inter).

28 novembre : *André Malraux ou la "grande vie"*, documentaire de 90 minutes écrit par Daniel Rondeau et réalisé par Alain Ferrari (ARTE) : portrait biographique à travers le récit d'une épopée illustrée d'images d'archives et d'entretiens.

28 novembre : À l'occasion de la soirée consacrée à Malraux (ARTE), Jean Lacouture et Daniel Rondeau évoquent sa personnalité (Gilbert Denoyan : « C'est ça aussi, la vie », France Inter).

22 décembre : Jacqueline Baudrier parle de son admiration (« À mots découverts », Radio Bleue).

Au cours de l'année : Publication du catalogue de l'exposition *André Malraux, Dyables.*

Au cours de l'année : Pierre-Jean DESCHODT, *Cher maître. Lettres à Charles Maurras de l'Académie Française* (Paris, Bartillat), « **Lettres** d'André Malraux » **à Charles Maurras** (pp. 443–7).

Au cours de l'année : Traductions d'œuvres :

— *La Voie royale* : ***La vía real***, Traductor Fabián García-Prieto. Madrid, Espaca-Calpe. 329 p. (Coll. « Contemporáneos »).

— *Les Conquérants* : ***Los conquistadores***, Traductor Fabián García-Prieto. Barcelona, RBA Coleccionables. 224 p. (Coll. « Historia de la literatura »).

— *L'Espoir* : ***La esperanza***, Edición de José-Maiá Fernández Cardo ; Traductor José Blanco. Madrid, Catedra, D.L. 553 p. (Coll. « Letras universals »).

— *La Condition humaine* : ***La condición humana***, Traductor César A. Comet. Barcelona, RBA Coleccionables. 228 p. (Coll. « Clásicos del siglo XX »)

— *La Tête d'obsidienne* : ***Picasso's Mask***, Translation and annotations by Jane Guicharnaud with Jacques Guicharnaud. New York, Da Capo Press. 285 p.

*

Album William Faulkner. Iconographie choisie et commentée par Michel MOHRT. Paris, Gallimard, 1995. 289 p. (Coll. « Album de la Pléiade »)

Quelques références à Malraux.

ALLAN, Derek W., « An Inhuman Transcendence: Perken, in Malraux's *La Voie royale* », *Journal of European Studies*, Vol. 25, no. 98, June 1995, pp. 109–22.

AL-MAKHLOUF, Nawaf, « Continu et discontinu du temps humain dans *Les Noyers de l'Altenburg* », pp. 103–12 in *"André Malraux. Les Noyers de l'Altenburg. La Condition humaine".*

AMEZ, Danièle, « "et le pied du Hopi ?" », pp. 165–81 in *André Malraux, Dyables.*

• *André Malraux 9 : "Notre siècle au 'Miroir des limbes' ".* Textes réunis et présentés par Christiane MOATTI. Paris-Caen, Lettres Modernes, 1995. 253 p. (Coll. « La Revue des lettres modernes », Série *André Malraux*)

Voir : BOULOUMIÉ, DORENLOT, GUÉRIN, GROSJEAN, GUYARD, KHÉMIRI,

LARRAT, LECARME, MOATTI, MOURRA, RACINE, TALON, TERRASSE, TISON-BRAUN.

• *André Malraux, Dyables*. [Exposition. Paris. Galerie Yoshii, 1995]. Paris - New York - Tokyo, Éditions Yoshii, 1995. 197 p.
  Textes en français, anglais et japonais.
  Voir : AMEZ, DEBRÉ, LANGLOIS, MALRAUX (Alain), MALRAUX (Madeleine), MICHEL, YOSHII.

• *"André Malraux. Les Noyers de l'Altenburg. La Condition humaine"*, *Roman 20–50*, n°19, juin 1995.
  Voir : ARNAUD, AL-MAKHLOUF, BOBLET-VIART, FREITAS, GOSSELIN, GUYARD, KHÉMIRI, LANTONNET, LECARME, LECARME-TABONE, MEYER, MOATTI, THORNBERRY, ZARADER.

ANDRÉUCCI VAN ROGGER, Christine, « L'Obsession du sens dans *La Condition humaine* », *Op. Cit.*, n° 5, novembre 1995, pp. 193–203.

ARDAGH, John. *France Today*. London, Penguin Books, 1995. 672 p.
  Pp. 309–22 : « Culture in the provins: From Malraux's "maisons" to Jack Lang's operatic Battles ».

ARNAUD, Philippe, « Fiction et véridiction dans *Les Noyers de l'Altenburg* », pp. 61–70 in *"André Malraux. Les Noyers de l'Altenburg. La Condition humaine"*.

AUTRAND, Michel, « Le Langage des corps dans *La Condition humaine* », pp. 102–5 in *"Lettres actuelles"*.

BALLABRIGA, Michel, « Dynamique et structuration des valeurs dans un extrait de *La Condition humaine* », pp. 127–43 in *Champs du signe : sémantique, rhétorique, poétique* (Toulouse, Presses Universitaires du Mirail, 1995. 327 p. [Coll. « Stylistique »]).

BALSAMO, Isabelle, « André Malraux et l'inventaire général », *Revue des deux mondes*, n° 10, octobre 1995, p. 68.

BATAILLE, Georges, « Sur *La Condition humaine* », pp. 27–9 in *La Condition humaine, roman de l'antidestin*.
  Repris de *Œuvres complètes*. T. I : *Premiers écrits - 1922–1940* (Paris, Gallimard, 1970. [Coll. « Bibliothèque de la Pléiade »]), pp. 372–5.

BAUDOUIN, Rémy, « Malraux, l'apologiste... », *Urbanisme*, n° 282, mai-juin 1995, pp. 74-5.

BIASINI, Émile. *Grands travaux : de l'Afrique au Louvre*. Paris, Odile Jacob, 1995. 344 p.
Pp. 119–28 : « Adieu l'Afrique ».
Pp. 165–72 : « André Malraux ».

BILLARD, Pierre. *L'Âge classique du cinéma français. Du cinéma parlant à la Nouvelle Vague*. Paris, Flammarion, 1995. 725 p.
Pp. 334–5 : « "Espoir" ».

BLIN, Jean-Pierre, « L'Aphorisme dans les romans », pp. 33–41 in *Malraux : La Condition humaine*.
Déjà paru dans *Europe*, nos 727-728, novembre–décembre 1989, pp. 93–103.

BOBLET-VIART, Marie-Hélène, « La Part de l'homme qui cherche aujourd'hui son nom », pp. 163–78 in *"André Malraux. Les Noyers de l'Altenburg. La Condition humaine"*.

BOSQUET, Alain, « André Brincourt, et les secrets de trois écrivains », *Le Magazine littéraire*, no 332, mai 1995, pp. 92-3.
C. r. de 1995 BRINCOURT, *Messagers de la nuit*.

BOULOUMIÉ, Arlette, « Malraux et le Japon. Dialogue avec le Bonze dans le jardin Zen », pp. 119–30 in *André Malraux 9...*

BOYER, Philippe, « Comment va la France ? La culture en grande distribution : les petits enfants de Malraux », *La Croix*, no 34089, 20 avril 1995, p. 11.

BRENNER, Jacques. *Le Flâneur indiscret*. Paris, Julliard, 1995. 208 p.
Pp. 79–90 : « Notes sur Malraux et sur Arland ».

BRINCOURT, André, « Malraux en marge de lui-même », *Le Figaro* [*littéraire*], no 15969, 21 décembre 1995, p. 4.
C. r. de 1995 LEMIRE, *André Malraux, antibiographie*.

BRINCOURT, André. *Messagers de la nuit : Roger Martin du Gard - Saint-John Perse - André Malraux*. Paris, Gallimard, 1995. 243 p.
Pp. 145–217 : « André Malraux : le refus du Destin ».
Pp. 232–44 : « André Malraux : la métamorphose du regard ».

BRUNEL, Pierre,
« [sans titre] », p. 56
« Le Jeu des "êtres" et des "forces" dans *La Condition humaine* », pp. 65–71
→

« Repères chronologiques », pp. 107-8
in "*Lettres actuelles*".

BRUNEL, Pierre, « L'Animal dans *La Condition humaine* », *Littératures*,
n° 33, automne 1995, pp. 65–78.

CARDUNER, Jean, « La Création romanesque chez Malraux : *La Condition
humaine* », pp. 101–6 in *Malraux: La Condition humaine*.
> Repris de *La Création romanesque chez Malraux* (Paris, Nizet, 1968 et
> 1971), pp. 119–26.

• CARDUNER, Jean. *La Création romanesque chez Malraux*. Paris, Nizet,
1995. 222 p.
> Déjà paru en 1968 et 1971.

CATE, Curtis, « French author-adventurers: Never Dull », *The Economist*,
Vol. 337, no. 7936, October 14, 1995, p. 103.

• CATE, Curtis. *André Malraux: A Biography*. London, Hutchinson, 1995.
XVI-451 p.
> Réédition. Voir : 1993, 1997, 2001 CATE.

CLAUDEL, Paul   Voir *Correspondance (1911–1954)...*

CLERC, Jeanne-Marie. *Littérature et cinéma*. Paris, Nathan, 1995. 222 p.
(Coll. « Fac », série « Cinéma »)
> Pp. 78–80 : « Malraux ».
> Voir : 1993 CLERC.

CLERC, Thomas, « Un Point de détail. Les deux points dans *La Condition
humaine* », pp. 113–25 in *Champs du signe : sémantique, rhétorique,
poétique* (Toulouse, Presses Universitaires du Mirail, 1995. 327 p.
([Coll. « Stylistique »]).

• *La Condition humaine, roman de l'anti-destin*. Textes réunis et
présentés par Jean-Claude LARRAT. Orléans, Paradigme, 1995.
174 p. (Coll. « Références »)
> Voir : BATAILLE, GLIKSOHN, GOSSELIN, GUÉHENNO, KAMERBEEK, LARRAT,
> LEBLON, MAGNY, MOATTI, PEYRE, TISON-BRAUN.

CORNICK, Martyn. *Intellectuals in history: the "Nouvelle revue française"
under Jean Paulhan, 1925–1940*. Amsterdam, Rodopi, 1995. 224 p.
(Coll. « Faux titres : études de langue et littérature française »)
> Nombreuses références à Malraux.

Correspondance (1911–1954) / *Paul Claudel, Gaston Gallimard.* Édition établie, présentée et annotée par Bernard DELVAILLE. Paris, Gallimard, 1995. x-829 p.
> Pp. 399-400, 408–12, 417-8.

CORTANZE, Gérard DE, « André Brincourt : *Les Messagers de la nuit* », *Europe*, n°s 799–800, novembre-décembre, 1995, pp. 233–5.

CÔTÉ, Paul Raymond *and* Constantina Thalia MITCHELL, « Textual Self Reflexivity in André Malraux's *Les Noyers de l'Altenburg* », *Romance Languages Annual*, Vol. 7, no. 1, 1995, pp. 33–8.

CRAMER, Patrick. *Marc Chagall : catalogue raisonné des livres illustrés.* Préface de Meret MEYER. Genève, Éd. P. Cramer, 1995. 357 p.
> Pp. 262-3 : « André Malraux - Charles Sorlier. Les Céramiques et sculptures de Chagall, 1972 ».
> Pp. 302–4 : « André Malraux. Et sur la terre... 1977 ».

CRESCIUCCI, Alain,
> De *La Condition humaine* », pp. 3–23
> « Références bibliographiques », pp. 24–30
> in *Malraux : La Condition humaine.*

DAIX, Pierre. *Dictionnaire Picasso.* Paris, R. Laffont, 1995. XXVI-956 p. (Coll. « Bouquins »)
> Pp. 548-9 : « Malraux, André. Écrivain français (Paris, 1901 - Créteil, 1976) ».

DAUZIER, Pierre *et* Paul LOMBARD. *Anthologie de l'éloquence française : de Jean Calvin à Marguerite Yourcenar.* Paris, La Table Ronde, 1995. 402 p.
> Pp. 363–72 : « André Malraux (1901–1976) ».

DEBRÉ, Olivier, « Les Dyables de Malraux », p.129 in *André Malraux, Dyables.*

DÉTRIE, Catherine, « Y a pas grand chose à faire avec la parole (*La Condition humaine* d'André Malraux : un problème de communication) », pp. 91–112 in *Champs du signe : sémantique, rhétorique, poétique* (Toulouse, Presses Universitaires du Mirail, 1995. 327 p. [Coll. « Stylistique »]).

DIRICK, Claude, « L'Humanisme de François Mauriac dans *Le Bloc-Notes* face à Roger Martin du Gard et André Malraux », *Nouveaux cahiers François Mauriac*, n° 3, 1995, pp. 119–32.

DOLGHIN, Florentina, « André Malraux - Louise de Vilmorin », *Magazin istoric*, Anul 29, Nr. 8 (341), august 1995, pp. 81–3.

DORENLOT, Françoise, « Lorsqu'on ne croit plus à grand-chose... », pp. 75–83 in *André Malraux 9...*

DORENLOT, Françoise-E., « Tison-Braun Micheline, *Le Moi décapité : le problème de la personnalité dans la littérature contemporaine*. New York, Peter Lang, 1990. 430 p. », *The French Review*, Vol. 68, no. 5, April 1995, pp. 882-3.

DUDLEY, Andrew, « The Past and Passing of Death in French Cinema », *L'Esprit Créateur*, Vol. 35, no. 4, Winter 1995, pp. 7–17.

EBERIEL, Rosemary, « Malraux's *Tête d'obsidienne:* Revisiting the Avant-Garde », *LittéRéalité*, Vol. 7, n°s 1-2, 1995, pp. 7–15.

ESCAFFIT, Jean-Claude, « Pierre Bockel, l'ami de Malraux. Un homme de passion », *La Vie*, n° 2608, 24–30 août 1995, p. 6.

ESCAR, Olea, « Gravedad simetría: la estructura oculta en la pintura », pp. 371–84 in *Los discursos sobre el arte* (Taxco, 1991. Haces XV Coloquio International de Historia del Arte organización, Universidad autónoma de México, Instituto de investigaciones estéticas. Ed. a cargo de JUANA GUTIÉRREZ. México, Universidad nacional autónoma de México. Instituto de investigaciones estéticas, 1995. 474 p. [Coll. « Estudios de arte y estética »]).

« Europa operanda », sculpture monumentale de Ludmila Tcherina. Paris, Fondation de l'Europe des sciences des cultures, 1995. [44] p.
Quelques références à Malraux.

FAULKS, Sebastian, « He Smoked incessantly », *Literary Review*, no. 205, July 1995, pp. 18–20.

FERENCZI, Thomas, « Malraux ou la révolution comme une œuvre d'art », *Le Monde* [*Radio-Télévision*], n° 15812, 28 novembre 1995, p. 30.
C. r. de 1995 RONDEAU, *André Malraux ou la "grande vie"*.

FORTIER, Jacques, « Mgr Pierre Bockel. L'amitié d'André Malraux », *Le Monde*, n° 15725, 17 août 1995, p.7.
Article sur la disparition de Pierre Bockel et ses relations avec Malraux.

FREITAS, Maria Teresa DE, « Une Écriture de la modernité », pp. 71–81 in *"André Malraux. Les Noyers de l'Altenburg. La Condition humaine".*

FROHOCK, Wilbur M., « Gisors et la condition humaine », trad. Alain CRESCIUCCI, pp. 49–57 in *Malraux : La Condition humaine.*
Déjà paru dans *Mélanges Malraux Miscellany*, Vol. 14, no. 2, 1982, pp. 3–15.

GALANTE, Pierre, « Malraux "Paris, mon Général, valait bien une nuit blanche" », *Paris-Match*, n° 2424, 9 novembre 1995, pp. 94-5.

GALLIMARD, Gaston   Voir *Correspondance (1911–1954)...*

GANDELMAN, Claude, « From Metaphysical Aesthetics to Semiotics: Claudel, Malraux, Barthes as Interpreters of Oriental Civilization for the West », pp. 513–20 in *The Force of Vision*, II : *Vision in History: Visions of the Oder* (Proceedings of the XIIIth Congress of the International Comparative Literature Association. Miner EARL, Haga TORU, *eds.* Tokyo, International Comparative Literature Association [ICLA], 1995. XXIX-549 p.).

GENEUIL, Guy-Pierre *et* Jean-Michel DUMAS. *Jean Seberg : ma star assassinée.* Paris, Édition°1, 1995. 404 p. (Coll. « Collection Documents »)
Pp. 55–61 : « Le petit pistolet de Malraux ».

• GERMANN, Patti Dianne. *Les Voix romanesques et le front populaire dans "L'Espoir" d'André Malraux.* The University of Manitoba [Canada], Advisor: André Joubert, 1995. 232 f.
Dissertation Abstracts International, Vol. 35, no. 2, April 1995, p. 417A.

GERSCHEL, Marc, « Malraux et la Dordogne en 1944 », *Bulletin de la société d'art et d'histoire de Sarlat et du Périgord noir*, n° 60, 1er trim. 1995, pp. 31–6.

GLIKSOHN, Jean-Michel, « Les Deux paysages de la mort dans *La Condition humaine* », pp. 147–56 in *La Condition humaine, roman de l'antidestin.*
> Déjà paru dans *Mélanges Malraux Miscellany*, Vol. 21, no. 1, 1989, pp. 30–40.

GLIKSOHN, Jean-Michel, « Les Deux paysages de la mort dans *La Condition humaine* », pp. 116–23 in *Malraux : La Condition humaine.*
> Déjà paru dans *Mélanges Malraux Miscellany*, Vol. 21, no. 1, 1989, pp. 30–40.

GOSSELIN, Monique, « *Les Noyers de l'Altenburg* entre nature et culture à travers la notion de génération », pp. 83–102 in *"André Malraux. Les Noyers de l'Altenburg. La Condition humaine".*

GOSSELIN, Monique, « Poétique de l'espace dans *La Condition humaine* », pp. 133–46 in *La Condition humaine, roman de l'antidestin.*
> Déjà paru pp. 157–79 dans *Espaces romanesques*, Université de Picardie, Centre d'études du Roman et du romanesque (Paris, Presses Universitaires de France, 1982).

GRODENT, Michel, « Philippe Tesson reçoit Paul Nothomb : parcours d'un témoin gênant », *Le Soir*, n° 48, 25-26 février 1995, p. 12.

GROETHUYSEN, Bernard. *Autres portraits.* Édition établie, présentée et annotée par Philippe DELPUECH. Paris, Gallimard, 1995. 251 p. (Coll. « Les Cahiers de la NRF »)
> Pp. 233–9 : « Malraux ».
> Déjà paru dans *La Nouvelle revue française*, n° 187, 1er avril 1929, pp. 558–63.

GROETHUYSEN, Bernard. *Philosophie et histoire.* Édité par Bernard DANDOIS. Paris, A. Michel, 1995. 359 p. (Coll. « Bibliothèque Albin Michel. Idées »)
> Plusieurs références à Malraux.

GROSJEAN, Jean, « *Les Antimémoires* d'André Malraux (Extraits) », pp. 189–92 in *André Malraux 9...*

GUBEN, Román, « La Spagna nel Cinema internazionale », *Dimensioni e Problemi della Ricerna Storica*, n° 2, 1995, pp. 271–82.

GUÉHENNO, Jean, « *La Condition humaine* », pp. 21–5 in *La Condition humaine, roman de l'antidestin.*
Déjà paru dans *Europe*, 15 juin 1933 ; repris dans *Europe*, n°s 727-728, novembre-décembre 1989, pp. 85–9.

GUÉRAND, Jean-Philippe, « Espoir (Sierra de Teruel) », *Pardo news - Locarno filmfestival 1995*, n° 7, 1995, p. 3.   [*Non vérifié.*]

GUÉRIN, Jeanyves,
    « Camus et Malraux : deux écrivains face à l'Histoire », pp. 137–70
    « Malraux, André. *La Voie royale*. Préface, notes et commentaires de Christiane Moatti. Paris, L.G.F., 1992. 226 p. (coll. "Le Livre de poche" 86) », p. 236
    « Meyer, Alain, "La Condition humaine" d'André Malraux. Paris, Gallimard, 1991 », pp. 242-3
    in *André Malraux 9...*

GUÉRIN, Jeanyves, « L'Écriture de l'histoire dans *La Condition humaine* », pp. 58–64 in *"Lettres actuelles"*.

GUYARD, Marius-François,
    « *Le Miroir des limbes* : complexité et unité », pp. 19–34
    « Quand Malraux fait parler de Gaulle », pp. 193-4
    « Trécourt, François, André Malraux romancier : l'exemple de l'"Espoir". Thèse d'État, Université de Paris IV-Sorbonne, mars 1991, 4 vol. : I : texte imprimé du roman (« Bibl. de la Pléiade »), 425 f. ; II : Variantes dactylographiées, 221 f. ; III : Notes dactylographiées, 445 f. ; IV: Notices, appendices et annexes, 403 f. », p. 249
    in *André Malraux 9...*

GUYARD, Marius-François, « Le Colloque : dialogue philosophique ou scène romanesque ? », pp. 41–7 in *"André Malraux. Les Noyers de l'Altenburg. La Condition humaine"*.

GUYARD, Marius-François, « Curtis Cate, *André Malraux*, Paris, Flammarion », *Revue d'histoire littéraire de la France*, vol. 95, n° 5, septembre-octobre 1995, pp. 839–40.

HEPTONSTALL, Geoffrey, « Aspects of André Malraux », *Contemporary Review*, Vol. 267, no. 1557, October 1995, pp. 220-1.
> C. r. de 1994 RADULESCU, *André Malraux, the "farfelu"*.
> C. r. de 1995 RAYMOND, *André Malraux : Politics and the Temptation of Myth*.

HÉRUBEL, Jean-Pierre V. M., « *André Malraux: A Reference Guide, 1940-1990. By John B. Romeiser. Boston: G.K. Hall, 1994* », *Libraries & Culture*, Vol. 30, no. 3, Summer 1995, pp. 339-40.

ITTI, Éliane. *La Littérature française en 50 romans*. Paris, Ellipses, 1995. 223 p. (Coll. « 50/50 »)
> Pp. 158–61 : « *La Condition humaine* ».

JUVIN, Joseph, « Une Loi Malraux pour la périphérie des villes », *Urbanisme*, n° 280, janvier-février 1995, p. 42.

KAMERBEEK, Jan Jr., « Le Titre de "La Condition humaine" dans sa perspective historique », pp. 95–101 in *La Condition humaine, roman de l'antidestin*.
> Déjà paru dans *Le Français moderne*, t. 38, n° 4, octobre 1970, pp. 440–7.
> Repris dans 1995 *Malraux : La Condition humaine*, pp. 42–7.

KANCEFF, Emanuele, « *"André Malraux" 9. Notre siècle au Miroir des limbes*. Textes réunis et présentées par Christiane Moatti », *Studi francesi*, an. 39, fasc. III, n° 117, septembre–dicembre 1995, p. 611.

KAUFFER, Rémi, « Malraux vole au secours des républicains espagnols », *Historia*, n° 579, mars 1995, pp. 66–71.

KHÉMIRI, Moncef, « Frontières et expérience des limites dans *Les Noyers de l'Altenburg* d'André Malraux », pp. 15–25 in *"André Malraux. Les Noyers de l'Altenburg. La Condition humaine"*.

KHÉMIRI, Moncef, « La Réécriture légendaire dans *Le Miroir des limbes* », pp. 49–73 in *André Malraux 9...*

KOCH, Stephen. *La Fin de l'innocence. Les intellectuels d'Occident et la tentation stalinienne : trente ans de guerre secrète*. Trad. de l'américain par Marc SAPORTA *et* Michèle TRUCHAN-SAPORTE. Paris, B. Grasset, 1995. 450 p.
> Pp. 320–31 : « Malraux et la Guerre civile d'Espagne ».

KOUCHKINE, Eugène, « Malraux et le pacifisme de l'après-guerre (Au-delà du microcosme européen) », pp. 55–9 in *L'Europe en 1919 : pacifisme et révolution* (Actes du Colloque organisé par Les Amis d'Henri Barbusse à Villejuif (94) du 5 au 7 novembre 1993. Villejuif, Les Éditions du « Réveil des Combattants », 1995. 45 p.).

KRAEMER, Gilles. *Trois siècles de presse francophone dans le monde : hors de France, de Belgique, de Suisse et du Québec.* Préface de Pierre ALBERT. Paris - Montréal, Éditions l'Harmattan, 1995. 223 p.
    Pp. 105–7 : « Malraux, journaliste indochinois ».

KRAUSS, Rosalind E., « Postmodernism's museum without walls », pp. 341–8 in *Thinking about exhibitions* (Edited by Reesa GREENBERG, Bruce W. FERGUSON, *and* Sandy NAIRNE. London - New York, Routledge, 1995. 410 p.).

LACOUTURE, Jean, « André Malraux, 1901–1976 », p. 368 in *Les Plus beaux manuscrits et journaux intimes de la langue française* (Choisis et présentés sous la direction de Mauricette BERNE. Paris, R. Laffont / Bibliothèque nationale de France, 1995. XV-426 p. [Coll. « La Mémoire de l'encre »]).

LAISSY, Michel, « André Malraux, 1901–1976 », *Bulletin de la Société historique d'Auteuil et de Passy*, t. 16, n° 139, 1995, pp. 32–4.

LANGLOIS, Walter G., « Le Jeune Malraux et l'esthétique du farfelu », pp. 27–44 in *André Malraux, Dyables.*

• LANTONNET, Évelyne. *La Création artistique et le destin de l'œuvre d'art d'après les essais d'André Malraux.* Thèse de Doctorat Nouveau Régime, sous la direction de Christiane Moatti. Université de la Sorbonne Nouvelle - Paris III, 1995. 617 f.
    Thèse consultable à Paris III - BU : TP 1994.166.ma.

LANTONNET, Évelyne, « L'Art, contrepoint des *Noyers de l'Altenburg* », pp. 123–33 in *"André Malraux. Les Noyers de l'Altenburg. La Condition humaine".*

LARRAT, Jean-Claude,
    « Clappique personnage de roman », pp. 94–101
    « Sélection bibliographique », pp. 109-10
in *"Lettres actuelles".*

LARRAT, Jean-Claude, « Images et personnages dans *La Condition humaine* », *Op. Cit.*, n° 5, novembre 1995, pp. 165–74.

LARRAT, Jean-Claude, « La Théorie du genre romanesque dans *L'Homme précaire et la littérature*. Impressions de lecture », pp. 171–86 in *André Malraux 9...*

LARRAT, Jean-Claude,
    « L'Art de la scène dans les romans d'André Malraux », pp. 75–91
    (Déjà paru dans *Mélanges Malraux Miscellany*, Vol. 16, no. 2, 1984, pp. 100–16.)
    « Choix bibliographique », pp. 157–70
    in *La Condition humaine, roman de l'antidestin*.

LEBLON, Jean *et* Claude PICHOIS, « *La Condition humaine*, roman historique ? », pp. 133–46 in *La Condition humaine, roman de l'antidestin*.
    Déjà paru dans *Revue d'histoire littéraire de la France*, vol. 95, n°s 2-3, mai-juin 1975, pp. 437–44.
    Repris dans 1995 *Malraux : La Condition humaine*, pp. 58–64.

LECARME, Jacques,
    « Malraux et l'autobiographie », pp. 35–48
    « Drieu La Rochelle, Pierre, *Journal 1939–1945*. Présenté et annoté par Julien Hervier. Paris, Gallimard, 1992, 524 p. (coll. « Témoins ») », pp. 236–40
    in *André Malraux 9...*

LECARME, Jacques, « Apologie pour *Les Noyers de l'Altenburg* », pp. 135–47 in *"André Malraux. Les Noyers de l'Altenburg. La Condition humaine"*.

LECARME-TABONE, Éliane, « Hercule aux pieds d'Omphale ou les figures féminines dans *La Condition humaine* », pp. 153–62 in *"André Malraux. Les Noyers de l'Altenburg. La Condition humaine"*.

• LEMIRE, Laurent. *André Malraux. Antibiographie*. Paris, J.-C. Lattès, 1995. 290 p.

LESCURE, Roger, « [Témoignage] », pp. 534-5 in *Maquis de Corrèze : 250 combattants et témoins*. Tulle, Maquis de Corrèze, 1995. 797 p.
> Nouvelle édition augmentée de *Maquis de Corrèze, 200 combattants et témoins*. Paris, Éditions Sociales, 1988. 618 p.
> Déjà paru sous le titre *Maquis de Corrèze, par 120 témoins et combattants*, préface d'Albert OUZOULIAS. Paris, Éditions Sociales, 1971. 624 p.

● *"Lettres actuelles"*, numéro spécial : *"Malraux : La Condition humaine"*, nᵒˢ 7-8, juillet–octobre 1995.
> Voir : AUTRAND, BRUNEL, GUÉRIN, LARRAT, MOATTI, SAINT-CHERON, SANCHEZ, TRÉCOURT, VACHER.

LEVY, Karen, « Introduction Comments from the New Editor », *Bulletin André Malraux Newsletter*, Vol. 1, no. 1, Fall/Automne 1995, p. 7.

LOOSELEY, David. *The politics of fun : cultural policy and debate in contemporary France*. Oxford, Berg, 1995. XV-279 p. (Coll. « Berg French Studies »)
> Pp. 33–48 : « Heritage, Creation, Democratisation: The Malraux Years ».
> Pp. 49–67 : « From Malraux to Mitterrand: Creation and Creativity ».

MACHABÉÏS, Jacqueline, « Au-delà du texte : fonction de l'image dans *La Tête d'obsidienne* de Malraux », *French Studies in South Africa*, no. 24, 1995, pp. 56–67.

MACHABÉÏS, Jacqueline, « Malraux et l'Afrique : voyage au bout de l'inconnu », pp. 87–101 in *Afriques imaginaires. Regards réciproques et discours littéraires. 17ᵉ–20ᵉ siècles* (Sous la direction de Anny WYNCHANK *et* Philippe-Joseph SALAZAR. Paris-Montréal, Éditions l'Harmattan, 1995. 297 p.).

MAGNY, Claude-Edmonde, « Malraux le fascinateur », pp. 31–45 in *La Condition humaine, roman de l'antidestin*.
> Déjà paru dans *Esprit*, 16ᵉ an., nᵒ 10, octobre 1948, pp. 513–34.

MALIGNON, Jean. *Dictionnaire des écrivains français*. Volume 2 : *M–Z*. Édition revue et augmentée. Paris, Seuil, 1995. 354 p. (Coll. « Écrivains de toujours »)
> Pp. 17–20 : « Malraux André. 1901–1976 ».
> Déjà paru en un volume : Paris, Seuil, 1971 (pp. 284–6).

● *Malraux : La Condition humaine*. Textes réunis et présentés par Alain CRESCIUCCI. Paris, Klincksieck, 1995. 179 p. (Coll. « Parcours critique »)
Voir : BLIN, CARDUNER, CRESCIUCCI, FROHOCK, GLIKSOHN, KAMERBEEK, LEBLON, MOATTI, ROLIN-IANZITI, SABOURIN, SMITH, TRÉCOURT.

MALRAUX, Alain, « Post-scriptum », pp. 189–99 in *André Malraux, Dyables*.

MALRAUX, Madeleine, « Messages... le rire à double sens », pp. 141–4 in *André Malraux, Dyables*.
Voir : 1998 M. MALRAUX.

MARCHESSEAU, Daniel. *Chagall, ivre d'images*. Paris, Gallimard, 1995. 176 p. (Coll. « Découvertes Gallimard », série « Peinture »)
Quelques références à Malraux.

MARTINOIR, Francine DE. *La Littérature occupée : les années de guerre 1939–1945*. Paris, Hatier, 1995. XVI-303 p. (Coll. « Brèves littérature »)
Pp. 131–5 : « L'Ouvrier de la onzième heure ».

MAY, Gita, « Brosman Catharine Savage: French Novelists, 1900–1930, 1930–1960, ... since 1960 », *The French Review*, Vol. 68, no. 5, April 1995, pp. 880-1.

MEYER, Alain, « Petite géographie des *Noyers de l'Altenburg*. L'Europe et les autres continents », pp. 27–40 in *"André Malraux. Les Noyers de l'Altenburg. La Condition humaine"*.

MICHEL, Franck. *En route pour l'Asie : le rêve oriental chez les colonisateurs, les aventuriers et les touristes occidentaux*. Préface de David LE BRETON. Strasbourg, Éditions Histoire & anthropologie, 1995. 301 p. (Coll. « Tourismes et sociétés »)
Nombreuses références à Malraux.
Voir : 2001 MICHEL.

MICHEL, Jacqueline, « En interrogeant les structures du dialogue dans *La Condition humaine* », *Op. Cit.*, n° 5, novembre 1995, pp. 175–80.

MICHEL, Michelle, « Introduction », pp. 13–6 in *André Malraux, Dyables*.

MITTERRAND, François *et* Élie WIESEL. *Mémoire à deux voix*. Paris, Odile Jacob, 1995. 216 p.
> Pp. 179-80.
> Voir : 2001 MITTERRAND et WIESEL

MOATTI, Christiane, « Avant-propos », pp. 5–14 in *"André Malraux. Les Noyers de l'Altenburg. La Condition humaine"*.

MOATTI, Christiane *et* Karine HENRY, « Bibliographie », pp. 149–52 in *"André Malraux. Les Noyers de l'Altenburg. La Condition humaine"*.

MOATTI, Christiane,
> « Manès Sperber et André Malraux d'après leur correspondance et autres documents », pp. 197–224
> Voir : 1992 MOATTI.
> « Malraux, André. *Vie de Napoléon par lui-même*. Préface de Jean Grosjean. Postface de Philippe Delpuech. Paris, Gallimard, 1991. 412 p. », pp. 233-4
> « Malraux, André. *La Reine de Saba. Une "aventure géographique"*. Texte présenté et annoté par Philippe Delpuech. Préface de Jean Grosjean. Paris, Gallimard, 1993. 135 p. (coll. « Les Cahiers de la NRF ») », p. 235
> « Larrat, Jean-Claude, *André Malraux, théoricien de la littérature* », pp. 247-8
> in *André Malraux 9...*

MOATTI, Christiane, « La Structure de *La Condition humaine* : naissance d'une esthétique », pp. 113–32 in *La Condition humaine, roman de l'antidestin*.

MOATTI, Christiane, « Portrait de l'artiste dans *La Condition humaine* », pp. 85–93 in *"Lettres actuelles"*.

MOATTI, Christiane,
> « Ouverture et clôture d'un roman engagé », pp. 86–100
> (Nouvelle version d'un article publié dans *Ãcta universitatis wratislaviensis*, nº 690, 1984, pp. 111–26.)
> « Le Motif du Japon dans *La Condition humaine* », pp. 157–79
> (Déjà paru dans *Mélanges Malraux Miscellany*, Vol. 16, no. 2, 1984, pp. 42–67.)
> in *Malraux : La Condition humaine*.

MOATTI, Christiane, « Le Traitement de l'Histoire dans *La Condition humaine* - De l'Histoire moderne à la "légende dorée" », *Op. Cit.*, n° 5, novembre 1995, pp. 81–92.

• MOATTI, Christiane. *Le Prédicateur et ses masques : les personnages d'André Malraux*. Préface d'André BRINCOURT. [Paris,] Publications de la Sorbonne, 1995. 463 p. (Coll. « Langues et langages »)

MORHANGE, Jean-Louis, « Incipit narratifs. L'entrée du lecteur dans l'univers de la fiction », *Poétique*, n° 104, novembre 1995, pp. 387–410.

MOUILLAUD-FRAISSE, Geneviève. *Les Fous cartographes. Littérature et appartenance*. Paris-Montréal, Éditions l'Harmattan, 1995. 239 p. (Coll. « Minorités et sociétés »)
     Pp. 57–69 : « En espagnol dans le texte ».
     Voir : 1991 MOUILLAUD-FRAISSE.

MOURA, Jean-Marc,
     « L'Asie, territoire de l'essentiel dans les *Antimémoires* », pp. 85–107
     « Le Tiers-Monde dans *La Corde et les souris*. La "Nouvelle Afrique" », pp. 109–18
     in *André Malraux 9...*
     Voir : 1998 MOURA.

NAGY, Géza, « Az iro és a hatalom, de Gaulle tàbornok és André Malraux esete » [« L'Écrivain et le pouvoir, le cas du général de Gaulle et d'André Malraux »], *Elet és irodalom*, n° 956, 10 février 1995, p. 4.
     Dans une forme revue et augmentée, cet article sert d'introduction à l'édition hongroise de *La Corde et les souris*.

NEVEU, Franck, « Progression et ruptures thématiques. Aspects de la technique descriptive dans *La Condition humaine* », *L'Information grammaticale*, n° 67, octobre 1995, pp. 35–8.

NGO, Van. *Viêt-Nam : 1920–1945 : révolution et contre-révolution sous la domination coloniale*. [Paris,] [les Archives de l'avenir,] 1995. 444 p. (Coll. « L'insomniaque »)
     Nombreuses références à l'aventure indochinoise de Malraux.
     Voir : 2000 NGO.

ORMESSON, Jean D', « Le Panache », *Le Point*, n° 1207, 4–11 novembre 1995, p. 67.

O.S. Voir [SCHMITT]

PAZ, Octavio. *Obras completas. 9 : Ideas y costumbres I. La letras y el cetro.* México, Fondo de Cultura Económica, 1995. 522 p. (Coll. « Letras mexicanas »)
> Pp. 447–51 : « La verdad frente al compromiso ».

PEYRE, Henri, « Que restera-t-il ? », pp. 65–73 in *La Condition humaine, roman de l'antidestin.*
> Paru sous le titre « André Malraux » in *André Malraux* (dirigé par Michel CAZENAVE. Paris, L'Herne, 1982 [Coll « Cahiers de l'Herne » 43]), pp. 459–66.

• PHALÈSE, Hubert DE [*pseud. collectif*]. *Les Voix de La Condition humaine. La Condition humaine d'André Malraux à travers les nouvelles technologies.* Paris, Nizet, 1995. 158 p. (Coll. « Cap'Agreg »)
> Le présent volume est l'œuvre d'Henri Béhar, Michel Bernard, Sylvie Humbert-Mougin, Pierre Muller, Liliane Pouzadous et Richard Walter, avec le concours de Christiane Moatti.

QUIÑONES, Javier, « Max Aub. Los años del compromiso », *Quimera : Revista de Literatura*, n° 134, 1995, pp. 36–43.

RACINE, Nicole, « Mossuz-Lavau, Jeanine, *André Malraux. Qui êtes-vous ?* », pp. 240–2 in *André Malraux 9...*

[RADULESCU, Domnica]
> « From the Editor », pp. 1–3.
> « Areas in Malraux Studies and Scholarship », p. 4
> « New Publications on Malraux 1994–96 », p. 4
> « Malraux curiosities », p. 5.
> *Bulletin André Malraux Newsletter*, Vol. 1, no. 1, Fall/Automne 1995.

RAUCH-LEPAGE, Marie-Ange. *Le Théâtre en France en 1968 : histoire d'une crise.* Thèse de Doctorat Nouveau Régime, sous la direction de Robert Abirached. Université de Paris X, 1995. 560 f.
> Plusieurs références à Malraux.   →

Thèse consultable à Nanterre-BU Paris X et à Paris III - Bibliothèque Gaston Baty : D4185 (1-2).ma.

• RAYMOND, Gino. *André Malraux: Politics and the temptation of Myth.* Aldershot, Avebury, 1995. VI-212 p. (Coll. « Avebury series in Philosophy »)

RIGAUD, Jacques. *L'Exception culturelle : culture et pouvoirs sous la Ve République.* Paris, B. Grasset, 1995. 298 p.
Pp. 39–64 : « Malraux : un bilan contrasté et un legs irrécusable (1959–1969) ».

RIOUX, Jean-Pierre, « André Malraux », pp. 609–11 in *Dictionnaire historique de la vie politique au XXe siècle* (Publié sous la direction de Jean-François SIRINELLI. Paris, Presses Universitaires de France, 1995. XX-1067 p.).

ROBERTSON, Jean-Ellen. *A Literay Perspective on the Notion of "Le Hasard" in Twentieth Century France.* University of Illinois, 1995.
Plusieurs références à Malraux.
Voir : 1996 ROBERTSON.

RODRIGUEZ RICHART, José, « Francia en la vida y en la obra de Max Aub », *Revista de literatura*, vol. 57, n° 113, 1995, pp. 181–92.

ROLIN-IANZITI, Jeanne, « La Métaphore malrucienne : l'animation de l'abstrait et du paysage dans *La Condition humaine* », pp. 107–15 in *Malraux : La Condition humaine.*
Déjà paru dans *Mélanges Malraux Miscellany*, Vol. 16, no. 1, 1984, pp. 33–43.

• *Roman 20–50.* Voir *"André Malraux. Les Noyers de l'Altenburg. La Condition humaine".*

ROSA DA SILVA, Edson, « Do museu à Biblioteca Imaginária / Du musée à la bibliothèque imaginaire », pp.147–54 in *Cleonice, clara em sua geração* ([organizado por] Gilda SANTOS, Jorge Fernandes DA SILVEIRA [e] Teresa Cristina CERDEIRA DA SILVA. Rio de Janeiro, Ed. Universidade Federal do Rio de Janeiro, 1995. 688 p.)

SABOURIN, Pascal, « L'Art et *La Condition humaine* (1933–1935) », pp. 144–56 in *Malraux : La Condition humaine.*
Repris de Pascal SABOURIN, *La Réflexion sur l'art d'André Malraux* (Paris, Klincksieck, 1972), pp. 147–61.

SAINT-CHERON, François DE, « *La Condition humaine*. Quelques aspects expressionnistes », pp. 77–9 in "*Lettres actuelles*".

SAINT-CHERON, François DE, « Documentation bibliographique. André Malraux : *La Condition humaine* », *L'Information littéraire*, 47ᵉ an., n° 4, septembre-octobre 1995, pp. 28-9.

SANCHEZ, José, « Il n'y a plus d'après... », p. 25 in "*Lettres actuelles*".

[SCHMITT, Olivier] O.S., « Le Jour où Malraux a disparu », *Le Monde*, n° 15826, 15 décembre 1995, p. 29.

SCRIVEN, Michael, « Wars and class wars (1914–1944) », pp. 54–96 in *French Cultural Studies. An Introduction* (Edited by Jill FOBES *and* Michael KELLY. New York, Oxford University Press, 1995. 248 p.).

SHIMIZU, Masako, « André Malraux et la peinture japonaise », pp. 371–7 in *The Force of Vision, I, Dramas of Desire: Vision of Beauty* (Proceedings of the XIIIth Congress of the International Comparative Literature Association. Miner EARL, Haga TORU, *eds.* Tokyo, International Comparative Literature Association [ICLA], 1995. XXIX-549 p.).

• SHIN, Joung-Ho. *L'Esthétique de la comparaison dans les romans d'André Malraux*. Thèse de Doctorat Nouveau Régime en Lettres Modernes, sous la direction de Georges Mailhos. Université de Toulouse, 1995. 378 f.
   Thèse consultable à Toulouse 2 - BU Lettres : TR 1005-1995-55.x.

SHORLEY, Christopher, « *André Malraux and Cultural Diversity:* Essays in Honor of Henri Peyre. Edited by Françoise-E. Dorenlot and Robert Thornberry », *French Studies*, Vol. 49, no. 4, October 1995, p. 482.

SITU WANMAN, Marianne. « *La Représentation de la Chine dans "Le Fils du ciel" de Victor Segalen et "La Condition humaine" d'André Malraux*. Thèse Université d'Ottawa, 1994. 378 f. », *Dissertation Abstracts International*, Vol. 61, 1995, pp. 4418-9A.

SMITH, Roch Charles, « Le Meurtrier exalté », pp. 124–43 in *Malraux : La Condition humaine*.
   Repris de Roch Charles SMITH, *Le Meurtrier et la vision tragique : essai sur les romans d'André Malraux* (Paris, Didier, 1975 [Coll. « Essais et critiques »]), pp. 56–84.

SØRENSEN, Anmeldt af Henrik, « Junglefeber. André Malrauxs anden roman for første gang pa dansk. André Malraux, *Kongevejen* (*La voie royale*) Oversat af Else Henneberg Pedersen 190 sider, 275 kr. Gyldendal », *Litteraturmagasinet Standart*, n° 1, Marsts-Maj 1995, pp. 40–9.

STÉPHANE, Roger. *Portrait de l'aventurier : T.E. Lawrence, Malraux, von Salomon.* Préface de Jean-Paul SARTRE. Paris, B. Grasset, 1995. 255 p. (Coll. « Les Cahiers rouges »)
   Pp. 175–88 : « Malraux et la révolution ».
   Déjà paru : Paris, Éditions Sagittaire, 1950.

STEVEN, Linda, « Multimeditations », *Art Press*, n° 206, octobre 1995, pp. 46–50.

SUH, Myung-Suok, « Le Pictural dans les récits d'André Malraux », *Études de langue et de littérature françaises*, n° 30, 1995, pp. 261–76.   [*Non vérifié.*]

TALON, Guy,
   « Moatti, Christiane. *"La Condition humaine" André Malraux.* Résumé analytique, commentaire critique et documents complémentaires. Paris, Nathan, 1991. 142 p. (coll. « Balises » 37) », pp. 243-4
   « CATE, Curtis. *André Malraux.* Biographie traduite de l'anglais par Marie-Alyx Revellat. Paris, Flammarion, 1994 [*sic*] », pp. 244–6
   in *André Malraux 9...*

TAYLOR, John, « The Mythomaniac », *Times Literary Supplement*, no. 4823, September 8, 1995, p. 23.
   C. r. de 1993 CATE, *André Malraux.*

TAYLOR, Victor E.. *Parasacrality: the humanities in the Age of postmodernism (Mircea Eliade, Gilles Deleuze, Jacques Derrida, André Malraux, Friedrich Nietzsche, Ludwic Wittgenstein).* Syracuse University, Ph.D., 1995. 242 f.
   Voir : 1996 TAYLOR.

TERRASSE, Antoine, « Les Chapitres d'une même vie... », pp. 13–7 in *André Malraux 9...*

THOMPSON, Brian, « Malraux et Mauriac devant la politique : traîtres ou fidèles ? », pp. 91–103 in *Mauriac entre la gauche et la droite* (Actes du colloque de la Sorbonne, 24–26 mai 1994. Organisé par l'Association internationale des amis de François Mauriac. Textes réunis et publiés par André SÉAILLES. Paris, Klincksieck, 1995. 290 p. [Coll. « Mauriac et son temps »]).

THORNBERRY, Robert, « Le Chant de Nietzsche dans *Les Noyers de l'Altenburg* », pp. 49–59 in *"André Malraux. Les Noyers de l'Altenburg. La Condition humaine"*.

THORNBERRY, Robert, « Letter from the editor of the *Revue André Malraux Review* », *Bulletin André Malraux Newsletter*, Vol. 1, no. 1, Fall/Automne 1995, p. 6.

TISON-BRAUN, Micheline, « *Les Voix du silence* interprété par Romain Gary », pp. 133–6 in *André Malraux 9...*

TISON-BRAUN, Micheline, « Le Point central », pp. 49–64 in *La Condition humaine, roman de l'antidestin*.
    Déjà paru sous le titre « André Malraux » in *André Malraux* (dirigé par Michel CAZENAVE. Paris, L'Herne, 1982 [Coll « Cahiers de l'Herne » 43]), pp. 116–28.

TRÉCOURT, François, « Voix et mode dans *La Condition humaine* », pp. 80–4 in *"Lettres actuelles"*.

TRÉCOURT, François, « *La Condition humaine* : leçon d'un manuscrit », pp. 65–85 in *Malraux : La Condition humaine*.
    Déjà paru in *Revue d'histoire littéraire de la France*, vol. 81, n° 2, mars-avril 1981, pp. 257–78.

VACHER, Pascal, « Bruits et silence dans *La Condition humaine* », pp. 72–6 in *"Lettres actuelles"*.

VACHER, Pascal. *La Ville en ruines : poétique d'un espace mnésique*. Thèse de Doctorat Nouveau Régime, sous la direction de Daniel-H. Pageaux. Université de la Sorbonne Nouvelle - Paris III, 1995. 825 f.
    Pp. 386–93 : « André Malraux et la ville en ruines imaginaire ».
    Thèse consultable à Paris III - BU : TP 1995-36.

VANDEGANS, André, « André Malraux : l'art du romancier dans *La condition humaine* », *Bulletin de l'Académie Royale de Langue et Littérature Françaises*, t. 73, nᵒˢ 1-2, 1995, pp. 73–84.

VIALATTE, Alexandre. *Pas de H pour Natalie*. Textes choisis par Ferny BESSON. Préface de Jacques BRENNER. Paris, Julliard, 1995. III-273 p.

    Pp. 131–4 : « "Les Chênes qu'on abat" par André Malraux ».

VOISINE, Jacques, « François E. Dorenlot et Robert S. Thornberry (eds.), *André Malraux et la diversité des cultures*. Essais en l'honneur de Henri Peyre. numéro spécial de la *Revue André Malraux*, Vol. 24, nᵒˢ 1-2, 1992-1993, University of Alberta », *Revue de littérature comparée*, vol. 276, nᵒ 4, octobre–décembre 1995, pp. 473-4.

WAJSOBROT, Cécile, « Littérature : le roman en fuite », pp. 61–70 in *Paris 1944–1954. Artistes, intellectuels, publics : la culture comme enjeu* (Sous la direction de Philippe GUMPLOWICZ *et* Jean-Claude KLEIN. Paris, Éditions Autrement, 1995. 238 p. [Coll. « Autrement », série « Mémoires »]).

YOSHII, Chozo, « Préface », p. 9 in *André Malraux, Dyables*.

ZARADER, Jean-Pierre, « *Les Noyers de l'Altenburg* : à la recherche des *Voix du silence* », pp. 113–22 in *"André Malraux. Les Noyers de l'Altenburg. La Condition humaine"*.

1996

Février : André MALRAUX, *Œuvres complètes*, **t. II** (Paris, Gallimard, 1996. LXIX-1825 p. [Coll. « Bibliothèque de la Pléiade »]).

22 février : Jorge Semprun évoque ce tome II (Philippe Tesson : « Ah ! Quels titres », France 3).

6 mars : Deuxième volume des *Œuvres complètes* et livre posthume de Roger Stéphane : *Malraux, premier dans le siècle* (R. Vrigny : « Lettres ouvertes », France Culture).

11 mars : Henri Godard sur *Le Démon de l'absolu* [T. II, Pléiade] (André Velter : « Agora », France Culture).

27 mars : Roger Stéphane, écrivain et journaliste, parle de son amitié avec Malraux (rediffusion dans « À voix nue », France Culture).

25 avril : Mireille évoque la première rencontre d'Emmanuel Berl avec Malraux (« Une vie, une œuvre », France Culture).

5 mai : Malraux et le cinéma (« Projection privée », France Culture).

23 mai : Jean Lacouture évoque Malraux le voyageur, à l'occasion du festival « Étonnants voyageurs » de Saint-Malo (« Synergie », France Inter).

Mai : André MALRAUX, « **Esquisse d'une psychologie du cinéma** », *La Nouvelle revue française*, n° 520, pp. 4–19 (réédition ; voir *supra* 1994 *notice*).

9 juin : André Brincourt parle de sa rencontre du 15 février 1971 et commente *Les Chênes qu'on abat* (« Un jour au singulier », France Culture).

5 juillet : rediffusion d'un entretien avec Tadao Takemoto (« Agora », France Culture).

5 juillet : « Voyage au Japon : André Malraux et le Japon éternel » (« Les samedis de France Culture », France Culture).

Juillet : Pour le XXᵉ anniversaire de la mort (23 novembre 1976), le ministre de la Culture, a réuni les membres du Comité national André Malraux, présidé par l'écrivain Jorge Semprun, et placé sous la présidence d'honneur de Jacques Chaban-Delmas, afin de préparer l'ensemble des manifestations qui auront lieu en novembre dans toute la France (expositions, publications, projections de films, débats, conférences).

7 août : Le Président Jacques Chirac autorise le transfert des cendres d'André Malraux au Panthéon (*JO*, n° 185, 9 août 1996).

7 août : Brigitte Friang, journaliste et grand reporter, évoque ses relations avec Malraux auprès duquel elle a travaillé au RPF de 1947 à 1951 et qu'elle retrouve en 1958 (« L'Histoire immédiate, mémoire du siècle », France Culture).

Du 28 au 31 août : un numéro "spécial André Malraux" en 4 épisodes (Jacques du Château : « Panorama », France Culture).

Du 19 août au 6 septembre : Rediffusion : un "spécial André Malraux" en 15 épisodes (« Grands entretiens », France Culture).

Du 9 au 13 septembre : Entretiens Clara Malraux / Jean-Pierre Démeron (1973) rediffusion en 5 épisodes (« À voix nue », France Culture).

Septembre : C'est sous le sigle « Automne Malraux » que le Ministère de la Culture présente les manifestations organisées entre septembre et novembre pour célébrer la mémoire et l'œuvre d'André Malraux.

Septembre : Biographie par Jean-François Lyotard.

Septembre : Réédition du tome II des mémoires de Clara Malraux chez Grasset sous le titre *Nos vingt ans.*

30 septembre : Jean-François Lyotard parle de sa biographie *Signé Malraux* (Patrick Poivre d'Arvor : « Ex Libris », TF1).

Du 7 octobre au 1er décembre : « André Malraux sous le regard de Gisèle Freund », Exposition photographique à la Galerie nationale du Jeu de Paume à Paris.

11 octobre : Présentation par Janine Mossuz-Lavau au Centre National du Livre d'une sélection inédite de textes de Malraux : ***André Malraux. La Politique, la culture. Discours, articles, entretiens (1925–1975)*** (Présentés par Janine MOSSUZ-LAVAU. Paris, Gallimard, 1996. 410 p. [Coll. « Folio Essais »]).

Du 14 octobre au 26 novembre : La Bibliothèque nationale de France organise un « Cycle Malraux » dans l'auditorium de la Galerie Colbert.

15 octobre : Jean-François Lyotard parle de *Signé Malraux* (« Envie de lire », BFM).

26 octobre : Jean-François Lyotard invité (« Métropolis », ARTE).

Octobre : André MALRAUX, *Œuvres complètes*, **t. III** (Paris, Gallimard, 1996. LVIIIL-1428 p. [Coll. « Bibliothèque de la Pléiade »]). (*Le Règne du Malin*)

Octobre : ***Le Musée imaginaire*** est réédité par Gallimard dans la collection « Folio Essais ».

Octobre : Ion Mihaileanu, entretien avec Malraux, « L'Utopie terroriste ».

Octobre : Lancement de l'« Automne Malraux ».

Octobre : La Poste lance un timbre commémoratif d'une valeur faciale de 3 francs à l'effigie de Malraux, dessinée par Marc Taraskoff (sans oublier de gommer la cigarette !).

11 novembre : « Musée imaginaire de Malraux » (L. Muron : « Impromptus », RCF).

13 novembre : *André Malraux (1901–1976)*, film de Christian de Montrichard et Michel Vuillermet (Bernard Rapp : « Un siècle d'écrivains », France 3).

14 novembre : Table ronde sur Malraux et l'art contemporain à la Galerie nationale du Jeu de Paume.

14 novembre : La vie d'André Malraux (« Passé simple », M6).

15 novembre : Projection dans les salles : *Portrait d'un héros*, court-métrage inédit de 4 minutes 20, par Raymond Depardon avec Roger Ikhlef, réalisé à partir d'images d'archives et coproduit par l'INA et Canal +, avec le concours du CNC.

18 novembre : « Malraux et la politique » (L. Muron : « Impromptus », RCF).

Du 18 au 22 novembre : « Malraux en cinq tableaux », émission conçue par Anne Imbert en cinq volets signés André Brincourt, Jean Lacouture, Michel

Cazenave, Jeannine Mossuz-Lavau et Christiane Moatti (« Les écrans du savoir », La 5e).

Du 18 au 23 novembre : Rediffusion du *Journal de voyage avec André Malraux à la recherche des arts du monde entier*, série documentaire en 13 parties de Jean-Marie Drot, réalisée à partir de dialogues avec André Malraux entre 1975 et 1976 ; première émission diffusée en 1977 et rediffusée en 1984 (France 2).

Du 20 au 22 novembre : Malraux prix Goncourt, Malraux ministre, la mort de Malraux (Patrice Gélinet : « Jours du siècle », France Inter).

Du 20 au 30 novembre : Grande campagne d'affichage nationale dans près de 200 villes françaises. Déclinée en quatre créations conçues par Publicis, cette campagne s'appuie sur des photos de Malraux qui ont été cédées à titre gracieux pour cette opération par Gisèle Freund et Florence Malraux, ainsi que par l'AFP.

Du 21 au 29 novembre : colloque international « André Malraux, l'homme des univers II » à Verrières-le-Buisson (les 21 et 22 novembre), puis à la Sorbonne (du 25 au 29 novembre) et enfin au siège de l'UNESCO (le 25 novembre). Cette manifestation d'ampleur fait suite au colloque de 1986 organisé par le comité international André Malraux présidé par Henriette Colin. Plus de cinquante spécialistes, universitaires et témoins de la vie et de l'œuvre sont venus des quatre coins du monde.

21 novembre : « Nous ne pouvons que pressentir la spiritualité du prochain siècle », entretien avec Tadao Takemoto (*Le Figaro littéraire*, n° 16256, p. 4).

22 novembre : *André Malraux ou la "grande vie"*, documentaire réalisé par Daniel Rondeau et Alain Ferrari (« Grand format », ARTE).

22 novembre : Malraux évoqué par Jean Lacouture, Jacqueline Baudrier, Brigitte Friang, Robert Poujade et Olivier Debré (Jean-Luc Hees : « Le Sens de l'Histoire », La 5e).

22 novembre : Le cercueil quitte le cimetière de Verrières-le-Buisson. Il rejoint la Chancellerie de l'Ordre de la Libération où les honneurs militaires lui sont rendus et où une garde de Compagnons le veille toute la nuit.

23 novembre : Vingtième anniversaire de la mort.

23 novembre : Transfert des cendres au Panthéon. Dans une cérémonie fortement symbolique retransmise en direct à la télévision (sur TF1 et France 2), un hommage solennel lui est rendu par le Président de la République, qui prononce à cette occasion le discours d'hommage de la Nation.

23 novembre : Sous la forme d'un cahier spécial de 46 pages, *Le Monde* publie, grâce à l'autorisation de Florence Malraux et des éditions Gallimard, *Le Triangle noir*, essai dans lequel Malraux avait réuni des textes consacrés à Choderlos de Laclos, Goya et Saint-Just. Publié, avec une préface de Malraux, en 1970, ce texte n'a jamais été réédité depuis.

23 novembre : Olivier Germain-Thomas et Jean-Marie Carzou, « De Gaulle / Malraux, portraits croisés » (1990) documentaire (« Les cavales de la nuit », France 3).

23 novembre : Jean-François Lyotard invité pour *Signé Malraux*, avec Régis Debray pour lecteur (« Droit d'auteurs », la 5ᵉ).

23 novembre : Alix de Saint-André et Jean Lacouture, "Spécial Malraux" (Frédéric Ferney : « Comme ça s'écrit », France Inter).

23 novembre : Jorge Semprun, président du Comité Malraux (« Journal inattendu », RTL).

24 novembre : « Malraux, le donneur de sens, Malraux l'engagé » (Laure Adler : « Le cercle de minuit », France 2).

25 novembre : Hommage des anonymes au Panthéon.

25 novembre : « Malraux et la littérature » (L. Muron : « Impromptus », RCF).

30 novembre : « Malraux dans les combats du siècle » (Patrick Rotman, numéro spécial « Les Brûlures de l'Histoire », France 3).

Du 30 novembre au 19 décembre : Présentation exceptionnelle, à l'Auditorium du Louvre, d'une sélection de huit des treize émissions de la série de Jean-Marie Droit *Journal de voyage avec André Malraux, à la recherche des arts du monde entier.*

Novembre : ***Les Réalités et les comédies du monde*** : *André Malraux*. Paris, Éditions de L'Herne, 1996. 74 p. (Coll. « Confidences »). Cet ouvrage contient quatre entretiens de Malraux.

Novembre : « De Voltaire à Malraux, les grands hommes au Panthéon » : exposition et CD Rom présenté par la Caisse Nationale des Monuments Historiques et des Sites.

Novembre : Trois médailles de bronze à l'effigie d'André Malraux signées André Masson (1949), et Émile Gilioli (1976), l'une d'entre elles reprenant un dessin de Malraux lui-même.

Novembre : Conception par l'A.D.P.F. (Association pour la Diffusion de la Pensée Française), d'une exposition « clé en main », sous la responsabilité de François de Saint-Cheron, sous forme de vingt panneaux retraçant la vie et l'œuvre, accompagnée d'un livret.

Novembre : Création d'un « Prix André Malraux » du Ministère de la Culture qui récompensera chaque année une création artistique originale ou une œuvre de l'esprit symbolisant le thème de l'engagement.

Novembre : Les Éditions de l'Assemblée Nationale publient les discours de Malraux prononcés à l'Assemblée nationale de 1945 à 1976.

Novembre : Sous le titre *André Malraux "en ambassade" : la rencontre Mao Tsé Toung - Malraux, 3 août 1965*, le Ministère des Affaires étrangères publie un opuscule de 49 pages contenant l'entretien qu'a eu Malraux avec Mao Tsé Toung, le 3 août 1965. Outre l'entretien, on y lit aussi une analyse de Malraux sur la Chine et le récit de cette conversation dans les *Antimémoires*.

Novembre : MALRAUX, « **Les Grands révolutionnaires** » (1974), *La Nouvelle revue française*, n° 526, pp. 4–21 (ce texte inédit devait paraître en préface à une *Encyclopédie des grands révolutionnaires* aux éditions Tchou).

Novembre : L'INA et Radio-France coéditent un coffret CD (***André Malraux, l'art et l'histoire***) qui regroupe les entretiens radiophoniques recueillis par Pierre de Boisdeffre, Guy Suarès en 1973 et Jean-Marie Drot en 1974, retraçant l'itinéraire spirituel de Malraux à travers les grandes étapes de sa vie.

Novembre : L'INA édite un CD (***Discours majeurs***) qui regroupe une sélection d'enregistrements sonores des discours majeurs de Malraux.

2 décembre : « André Malraux et son temps » (L. Muron : « Impromptus », RCF).

Au cours de l'année : Aux côtés des *Fables* de La Fontaine, *La Condition humaine* et *L'Espoir* sont inscrits au programme de français de première (ES - L - S) pour le baccalauréat 96/97.

Au cours de l'année : Le traducteur japonais de Malraux, Tadao Takemoto publie ***Huit entretiens avec André Malraux*** aux éditions Jimbun Shoin. Ces textes ont été transcrits par Tadao Takemoto. Ils n'ont pas été revus par Malraux, à l'exception de « La Mort au Japon », donnée à la revue *L'Appel* (n° 2, décembre 1973, pp. 85–9). Un fragment de l'entretien du 25 novembre 1975 est publié in *André Malraux* (dirigé par Michel CAZENAVE. Paris, L'Herne, 1982 [Coll « Cahiers de l'Herne » 43]), sous le titre « À propos de la réincarnation », pp. 396-7.

Au cours de l'année : Trois traductions :

— *L'Espoir* : ***Days of Hope***. Stuart Gilbert, Alastair MacDonald, translators. London, Penguin. 464 p.

— *L'Espoir* : ***La esperanza***. Traductor José Bianco. Barcelona, Ediciones Altaya, 494 p. (Coll. « Maestros de la literatura contemporánea »).

— *Oraisons funèbres* : ***Oraciones fúnebres***. Traductor Miguel Rubio. Madrid, Anaya & Mario Muchnik, 80 p. (Coll. « Anabasis »).

*

(classement alphabétique des périodiques contenant des contributions anonymes)

L'Alsace (1996)

***, « Les Malraux » (Malraux en phrases.)
    « Quelle vie » (Malraux en dates.)
    (n° 274/11780, 22 novembre, p. 3).

***, « Le "Citoyen de l'Intemporel" »
    « "Aux grands hommes" »
    « Libération. L'hommage des compagnons »
    (n° 276/11782, 24 novembre, p. 4).

***, « Repères Malraux : l'hommage du peuple » (n° 277/11783, 25 novembre, p. 4).

Le Canard enchaîné (1996)
***, « Malraux : "brumeux avec de belles éclaircies" » (n° 3969, 20 novembre, p. 5).

CHARLES. Trueheart Washington Post Foreign Service (1996)
***, « Malraux's Fate: Filling under Nostalgic Scruting » (November 25, p. A 15).

Charlie Hebdo (1996)
***, « Après les affaires... Chirac enterre Malraux » (n° 230, 13 novembre, p. 8).

Cultures en mouvement (1996)
***, « Un Ministre de la culture au Panthéon » (n° 51, septembre-octobre, p. 19).

Le Dauphiné libéré (1996)
***, « Panthéon : une figure de l'épopée gaulliste » (51ᵉ an., n° 16177, 22 novembre, p. 1).
***, « De Grenoble aux Glières » (51ᵉ an., n° 16177, 22 novembre, p. 38).

La Dépêche du Midi (1996)
***, « Malraux... pour faire renaître l'espoir » (n° 17564, 2 novembre, p.12).

Dernières Nouvelles d'Alsace (DNA) (1996)
***, « Malraux et les combats du siècle » (n° 269, 17 novembre, p. 2).

Le Devoir (1996)
***, « Hommage aux Brigades internationales. Vive la République ! » (vol. 86, n° 258, 4 novembre, p. A5).

L'Éclair (1996)
***, « Une Symphonie héroïque »
    « Vingt ans après sa mort, André Malraux entre au Panthéon »
    « André Malraux, une légende dans le siècle »
    « Le Panthéon, tombeau des grands hommes »
    « Malraux et de Gaulle, l'accord parfait »
    (n° 15741, 23-24 novembre, p. 3).

***, « "L'Hommage de toute la nation" à André Malraux » (n° 15742, 25 novembre, p. 2).

The Economist (1996)
***, « André Malraux. Beyond the grave » (Vol. 341, November 30th, p. 89).

Elle (1996)
***, « L'Élégance Malraux » (n° 2655, 18 décembre, pp. 114–20).

Encore magazine (1996)
*** « Arrêt sur image. Une légende dans le siècle » (n° 2, novembre, pp. 56-7).

Le Figaro (1996)
***, « André Malraux »
   « Évocation de Malraux »
   (n° 16202, 19 septembre, p. 22).
***, « André Malraux à l'affiche » (n° 16222, 12-13 octobre, p. VIII).
***, « Malraux à l'honneur » (n° 16233, 25 octobre, p. 29).
***, « Les Rendez-vous audiovisuels » (n° 16254, 19 novembre, p. 28).
***, « Malraux entre au Panthéon » (n° 16258, 23-24 novembre, p. 6).

Le Figaro [*littéraire*] (1996)
***, « Malraux, premières salves » (n° 16248, 12, p. 20).

France-Soir (1996)
***, « Malraux, la culture bouillonnante » (n° 16264, 20 novembre, p. 20).
***, « Malraux et Mao » (n° 16268, 25 novembre, p. 9).
***, « Trois jours pour saluer la mémoire d'André Malraux » (n° 16268, 25 novembre, p. 20).

Frankfurter Rundschau (1996)
***, « "André Malraux", Arte, 22.15 Uhr » (Jahr. 52, Nr. 273/47, 22. November, Seite 11).

L'Humanité (1996)
***, « Malraux au Panthéon. À la radio et à la télévision » (n° 16260, 22 novembre, p. 18).

***, «Un Camarade de combat»
«La Légende et l'histoire»
(n° 16261, 23 novembre 1996, p. 3).

***, «Dans les tribunes» (n° 16262, 25 novembre, p. 4).

***, «Le Discours de Jacques Chirac. L'homme de l'inquiétude, de la recherche et de la quête» (n° 16262, 25 novembre, p. 5).

INA News (1996)
***, «André Malraux : homme d'action et de culture» (n° 13, mai, [pp. 1-2, 4]).

***, «André Malraux : homme d'action et de culture» (numéro hors série, septembre, [p. 4]).

Le Jeudi (1996)
***, «Cycle de manifestations au Centre Culturel Français : Hommage à André Malraux» (26 octobre, p. 8).

Le Journal des Arts (1996)
***, «L'Écrivain, l'anti-fasciste, le ministre»
«Des ambitions restreintes»
«Il a dit»
(n° 30, novembre, p. 8).

Le Journal des enfants (1996)
***, «Malraux au Panthéon» (n° 621, 22 novembre, p. 4).

La Lettre des résistants et déportés juifs (1996)
***, «André Malraux : l'exigence de l'engagement contre le fascisme» (n° 30, novembre-décembre, p. 12).

Lettre d'information du Ministère de la Culture (1996)
***, «L'Automne Malraux» (n° 415, 31 juillet, pp. 1 et 8).

Libération (1996)
***, «Entre ici, Jean Moulin...» (n° 4735, 10-11 août, p. 12).

***, «André Malraux transféré au Panthéon le 23 novembre» (n° 4756, 4 septembre, p. 18).

***, «Les Cendres d'André Malraux au Panthéon le 23 novembre» (n° 4757, 5 septembre, p. 33).

***, «Pour la Poste, Malraux renonce à la cigarette» (n° 4799, 24 octobre, p. 20).

***, « L'Hommage de la RATP à Malraux » (n° 4814, 11 novembre, p. 13).

***, « Encore trois jours pour revoir et réentendre Malraux » (n° 4824, 22 novembre, p. 37).

***, « André Malraux ou la Voie royale vers le Panthéon »
« Le Temple de la patrie »
(n° 4825, 23-24 novembre, p. 2)

***, « Le Style Malraux » (n° 4825, 23-24 novembre, p. 4)

***, « L'Enterrement est vachement politique » (n° 4825, 23-24 novembre, p. 5).

Luxembourg Wort (1996)

***, « "Prenez place, André Malraux dans le Panthéon de la République" » (n° 271, 25 novembre, p. 5).

Luxemburger Wort. Die Warte (1996)

***, « Une Double fascination. Malraux-De Gaulle : la nation retrouvée par François Gerber » (n° 36/1790, 28 novembre, p. [11]).

La Marseillaise (1996)

*** « L'Automne Malraux est bien lancé » (n° 2999, 29 octobre, p. 28).

***, « "Rencontre Malraux" à l'Unesco » (n° 15575, 24 novembre, p. 2).

***, « Robert Hue : "Le PCF se devait de saluer sa mémoire" »
« "Prenez place, André Malraux, dans le Panthéon de la République" »
« "L'Hommage de toute la nation" »
« Dans le texte »
(n° 15575, 24 novembre, p. 3).

Le Monde (1996)

***, « Panthéon : les cendres d'André Malraux seront transférées au Panthéon le 23 novembre » (n° 16052, 5 septembre, p. 17).

***, « André Malraux sans cigarette » (n° 16120, 23 novembre, p. 27).

***, « André Malraux au Panthéon. Mao "le sage, le héros, le poète" » (n° 16122, 26 novembre, p. 8).

Le Monde de l'éducation (1996)

***, « Les Romans de Malraux » (n° 240, septembre, p. 124).

***, « L'Automne Malraux » (n° 242, novembre, p. 63).

Le Monde [*des livres*] (1996)
***, « L'Édition française : Malraux » (n° 16017, 26 juillet, p. VIII).
***, « L'Automne Malraux » (n° 16101, 1ᵉʳ novembre, p. XII).

Nice-Matin (1996)
***, « Timbre Malraux : une "atteinte inacceptable" » (n° 17768, 25 octobre, p. 14).
***, « L'Automne Malraux est bien lancé »
« La Saison Malraux »
(n° 17771, 28 octobre, p. 18).
***, « Malraux dans les combats du siècle » (n° 17790, 16 novembre, p. 28).
***, « Malraux : demain au Panthéon » (n° 17796, 22 novembre, p. 30).
***, « Malraux, ce soir au Panthéon » (n° 17797, 23 novembre, p. 14).
***, « Une Journée Malraux »
« Chirac : l'hommage de toute la Nation à André Malraux »
« Émotion et froid, comme il y a 22 ans pour Jean Moulin... »
« "Vous êtes celui qui trace son propre chemin" »
(n° 17798, 24 novembre, p. 28).
***, « Les Entretiens Mao-Malraux d'août 1965 rendus publics »
« Malraux au Panthéon : l'hommage des anonymes »
(n° 17799, 25 novembre, p. 20).

Le Nouvel Économiste (1996)
***, « Malraux ? Caveau VI » (n° 1067, 15–28 novembre, p. 89).

Le Nouvel Observateur (1996)
***, « Entre ici, André Malraux » (n° 1663, 19–25 septembre, p. 12).
***, « L'INA mémoire de Malraux » (n° 1669, 31 octobre–6 décembre, [non paginé]).

La Nouvelle République du Centre-Ouest (1996)
***, « André Malraux célébré » (n° 15622, 2 et 3 mars, p. 17).
***, « Une Soirée consacrée à Malraux » (n° 15830, 9, 10 et 11 novembre, p. 5).
***, « Prenez place, André Malraux » (n° 15838, 25 novembre, p.15).

Paris [Le Journal] (1996)
***, « Malraux » (n° 48, novembre, p. 25).

Le Parisien (1996)
***, « Repères »
    « À la télé »
    « Au fil des pages »
    (n° 16242, 23-24 novembre, p. 31).
***, « À voir et à entendre » (n° 16242, 23-24 novembre, p. VI).

Le Populaire du Centre (1996)
***, « L'Automne Malraux est lancé » (n° 251, 28 octobre, p.8).
***, « Hommage : Malraux demain au Panthéon » (n° 271, 22 novembre, p. 1).
***, « Malraux, le Panthéon et les anonymes » (n° 273, 25 novembre, p. 1).

The Patriot Ledger (1996)
***, « SnapShorts No Smoke » (October 25, p. 8).

La Presse (1996)
***, « Pas de cigarette pour le timbre de Malraux » (16 octobre, p. A17).
***, « Malraux chez les "grands hommes" » (24 novembre, p. B10).
***, « Malraux : 100 francs » (24 décembre, p. D5).

Le Progrès (1996)
***, « La Nuit d'un grand homme »
    « Le Temple de la République »
    (23 novembre, p. 4).
***, « "Prenez place, André Malraux" » (24 novembre, pp. 1-2).
***, « "Entre ici Jean Moulin, avec ton terrible cortège" »
    « "La Fidélité sans faille" au général de Gaulle »
    « Premier ministre de la Culture "à portée de tous" »
    (24 novembre, p. 2).
***, « Malraux, l'hommage des anonymes » (25 novembre, p. 2).

Le Provençal (1996)
***, « L'Écrivain au Panthéon aujourd'hui. "Entre ici André Malraux..." » (n° 18742, 23 novembre, p. 27).
***, « Malraux : l'hommage de la nation » (n° 18743, 24 novembre, p. 1).

Le Républicain lorrain (1996)
***, « Tout savoir sur Malraux et son œuvre » (31 octobre, p. 5).

Le Soir (1996)
***, « Actualité culturelle : André Malraux »
   « Le Panthéon, temple de la Patrie »
   (n° 277, 23-24 novembre, p. 11).

Sud-Ouest (1996)
***, « André Malraux l'homme du XXᵉ siècle » (9 octobre, p. F).
***, « Malraux au Panthéon » (23 octobre, p. 25).
***, « L'Automne Malraux. Hommage au Résistant et au ministre de la culture : exposition, soirée commémorative, une série de manifestations pour l'automne Malraux » (8 novembre, p. D).
***, « Vauban : soirée spéciale André Malraux » (13 novembre, p. D).
***, « Un Scénario gersois : Malraux au Panthéon » (15 novembre, p. 24).
***, « Radio télévision : Les jours de Malraux » (20 novembre, p. 23).
***, « L'Hommage de la République »
   « Ses phrases restées célèbres »
   (23 novembre, p. 2).
***, « Malraux jugé par ses contemporains » (24 novembre, p. 4).
***, « L'Accord parfait : Malraux et de Gaulle »
   « Sur Malraux : Bibliographie »
   « Malraux et la culture »
   (24 novembre, p. 5).
***, « De la guerre d'Espagne à la Libération » (24 novembre, p. 6).
***, « Les Flambeaux de la mémoire : hommage à Malraux » (25 novembre, p. E).
***, « Une Pièce de 100 francs à l'effigie d'André Malraux » (20 décembre, p. 28).

Sud-Ouest [*Charente*] (1996)
***, « André Malraux au Panthéon. Malraux, plein écran » (13 novembre, p. 23).
***, « Au Panthéon escorté par 200 enfants »
   « L'Automne Malraux »
   (21 novembre, p. 26).
***, « André Malraux : une légende dans le siècle » (23 novembre, p. 1).

Le Télégramme de Brest et de l'Ouest (1996)

***, «Vingt ans après sa mort. André Malraux entre au Panthéon» (n° 16003, 23-24 novembre, p. 1).

***, «Malraux et de Gaulle : l'accord parfait»
«Ce qu'il a dit et ce qu'on a dit de lui»
(n° 16003, 23-24 novembre, p. 4).

***, «André Malraux au Panthéon : l'hommage solennel de la République» (n° 16004, 25 novembre, p. 1).

***, «Malraux dans le sanctuaire de la République» (n° 16004, 25 novembre, p. 3).

***, «Hommage à Malraux : place aux vivants!» (n° 16009, 30 novembre-1er décembre, p. 3).

La Tribune Desfossés (1996)

***, «André Malraux sous l'œil de Gisèle Freund» (n° 24465, 7 octobre, p. 25).

La Voix du Nord (1996)

***, «Pratique : le temple de la République»

***, «Maurice Schumann, l'autre voix du gaullisme, prononcera un discours à la cérémonie»
(n° 16310, 23 novembre, p. 16).

***, «Pour Malraux, les éditeurs s'emballent» (n° 16311, 24-25 novembre, p. 18).

*

• *Actes du colloque "André Malraux"*. Colloque organisé et actes réunis par Béatrice BONHOMME. Nice, Publications de la Faculté des Lettres, Arts, et Sciences Humaines de Nice, Nouvelle série, n° 28, C.R.L.P. (Centre de Recherches Littéraires Pluridisciplinaires), 1996. 88 p.

Voir : CHABOT, DABEZIES, GODARD, MOATTI, VACHER.

AESCHIMANN, Éric *et* Gilles BRESSON, «Genèse d'une canonisation gaulliste», *Libération*, n° 4825, 23-24 novembre 1996, p. 3.

AESCHIMANN, Éric *et* Gilles BRESSON, « "Prenez place, André Malraux" », *Libération*, n° 4826, 25 novembre 1996, p. 36.

AGULHON, Maurice, « À quoi sert le Panthéon ? », *L'Histoire*, n° 205, décembre 1996, p. 98.

ALCALAY, Jean-Marc, « Malraux et Dunkerque », *Dunkerque Magazine*, n° 58, octobre 1996, p. 11.

• ALCALAY, Jean-Marc. *Malraux et Dunkerque. Une filiation.* Dunkerque, Société dunkerquoise d'histoire et d'archéologie, 1996. 102 p.

AL-MAKHLOUF, Nawaf, « De L'ambiguïté cauteleuse de la boue à l'altérité agressive de la pierre, sur un passage de *La Voie royale* d'André Malraux », *Figures*, n°s 16-17, 1996, pp. 161–76.

AL-MAKHLOUF, Nawaf, « André Malraux et la philosophie de l'existence. Approche phénoménologique de son œuvre romanesque », pp. 113–26 in *Le Chant de Minerve. Les écrivains et leurs lectures philosophiques* (Actes du colloque, tenu à l'Université de Bourgogne, les 3 et 4 février 1995. Organisé par le centre Gaston Bachelard de recherches sur l'imaginaire et la rationalité. Textes réunis par Bruno CURATOLO. Paris - Montréal, Éditions l'Harmattan, 1996. 204 p. [Coll. « Critiques littéraires »]).

ALPONTE, Juan Maria, « De Aquí y más Allá. Malraux, al Panteón », *Excelsior*, 23 de Noviembre de 1996, pp. 4-5.

AMSON, Daniel, « Malraux au Panthéon. Transférer les cendres des grands hommes pose un problème de droit : le respect de la vie privée », *Le Figaro*, n° 16179, 23 août 1996, p. 9.

ANDRÉ, Jean-Louis, « Comment Malraux a coulé la candidature de Chaban-Delmas », *Le Monde* [*TV, radio, multimédias*], 18–24 novembre 1996, p. 5.

• *André Malraux : 1901–1976*. Saint-Malo, La Bibliothèque Municipale de Saint-Malo, 1996. [12 f.].
     Bibliographie réalisée par la Bibliothèque Municipale de Saint-Malo à l'occasion du 20e anniversaire de la disparition de Malraux.

• *André Malraux : 1901–1976*. Maisons-Alfort, Ville de Maisons-Alfort-Bibliothèque-Discothèque André Malraux, 1996. 48 f.
     Bibliographie réalisée par la Bibliothèque-Médiathèque de Mulhouse à l'occasion du 20e anniversaire de la disparition de Malraux.

- *André Malraux : 1901–1976.* Sous la direction de Dominique TRIAIRE. Montpellier, Université Paul-Valéry, 1996. 16 p.

- *"André Malraux", Littératures contemporaines,* n° 1, octobre 1996.
  Voir : AUTRAND, CRESCIUCCI, GUYARD, LARRAT, MACHABÉÏS, MOATTI, POIRIER, SAINT-CHERON.

- *André Malraux : 1901–1976 : bibliographie.* Mulhouse, Ville de Mulhouse, Biblio-Médiathèques, 1996. 11 f.
  Courte bibliographie réalisée par la Bibliothèque-Médiathèque de Mulhouse à l'occasion du 20ᵉ anniversaire du décès de Malraux.

- *André Malraux en Thaïlande.* Contributions réunies par Supaporn APAVATCHARUT. Préface de Gilles LOUŸS. Chiang Maï, Rongphim Ming Muang, 1996. 168 p.
  Ouvrage bilingue : français et thaï.
  Voir : CHAIPRASATHNA, DUMRONGLERT, LOUŸS, LOVEEMONGKOL, MOATTI, SAINT-CHERON, SUKSAWASDI NA AYUTHNA, WIWATSORN.

- *André Malraux et le parlement : exposition.* Préface de Philippe SÉGUIN. Paris, Assemblée Nationale (Bibliothèque), 1996. 28 p.

- *"André Malraux, la légende du siècle"* Voir *Le Figaro [littéraire].*

- *André Malraux ministre. Les Affaires culturelles au temps d'André Malraux 1959–1969.* Préface de Philippe DOUSTE-BLAZY. Paris, La Documentation française, 1996. 508 p. (Coll. « Travaux et documents - Comité d'histoire du Ministère de la culture »)
  Voir : ANTHONIOZ, BALSAMO, BRAJOT, CHASTEL, CHOUGNET, JENGER, LANDAIX, LANDOWSKI, MESNARD, MOINOT, MOSSUZ-LAVAU, ORY, POUJOL, RAISON, RIGAUD, RIOUX, ROLLIER, SALLOIS, TÉTARD.

- *"André Malraux : Paris, 3 novembre 1901 – Créteil, 23 novembre 1976", Cahiers de la Doc,* n° 36, juin 1996. 150 p.
  Voir : 2001 *André Malraux : Paris...*

- *"André Malraux : la voie royale"* Voir *Le Figaro [Magazine].*

ANDREANI, Jean-Louis, « Le Dernier voyage d'André Malraux chez les "grands hommes" », *Le Monde,* n° 16030, 10 août 1996, p. 1.

ANDRIEU, Jacques, « Mais que se sont dit Mao et Malraux ? », *Perspectives chinoises*, n° 37, octobre 1996, pp. 50–63.
   Repris en anglais sous le titre « How Maoism won the West : what exactly did Mao and Malraux say to each other ? », *China Perspectives*, no. 8, November-December 1996, pp. 49–62.

ANDRIEU, René, « Les Tumultes du temps (documents) », *L'Humanité*, n° 16260, 22 novembre 1996, p. 17.
   Extrait repris de : « Les Tumultes de notre temps », pp. 214–20 in *André Malraux* (dirigé par Michel CAZENAVE. Paris, L'Herne, 1982 [Coll « Cahiers de l'Herne » 43]).

ANGEL, Sylvie. *Des frères et des sœurs : les liens complexes de la fraternité*. Paris, R. Laffont, 1996. 315 p. (Coll. « Réponses »)
   Pp. 173–90 : « Le Décès précoce d'un frère ou d'une sœur ».
   Sur les relations d'André Malraux avec son neveu et beau-fils Alain Malraux.
   Voir : 2002 ANGEL.

ANGLADE, Catherine, « [L'Ordre] », *Espoir*, n° 105, janvier 1996, pp. 12-13.
   Réédition de l'entretien télévisé accordé par Malraux à Catherine Anglade le 17 juin 1971. Texte transcrit par Michelle Michel, avec l'accord d'Albert Beuret, exécuteur testamentaire d'André Malraux.

ANGLARD, Véronique. *25 modèles d'étude de textes argumentatifs*. Alleur [Belgique], Marabout, 1996. 446 p. (Coll. « Marabout savoirs »)
   Pp. 210–25 : « André Malraux (1901–1976), préface aux *Liaisons dangereuses*, roman de Pierre Choderlos de Laclos (1741–1803), 1970 ».

• ANSEL, Yves. *André Malraux, La Condition humaine*. Paris, Gallimard, 1996. 411 p. (Coll. « Folio Plus »)

ANTHONIOZ, Bernard,
   « Le Pari de la création contemporaine », pp. 35–47
   « Malraux et les artistes », pp. 59–61
   in *André Malraux ministre...*

ARAGON, Louis, « Paris n'est pas Athènes », *Faites entrer l'infini*, n° 22, décembre 1996, pp. 26-7.
   Déjà paru dans *Ce soir*, 1er-2 juillet 1945.

ARCHASSAL, Pierre-Valéry, Joseph VALYNSEELE *et* Denis GRANDO, « Les Origines d'André Malraux », *La Revue française de généalogie*, 18ᵉ an., n° 107, décembre 1996-janvier 1997, pp. 25-7.

ARNOULD, Michel, « Ailleurs : moins connu en Espagne », *L'Alsace*, n° 276/11782, 24 novembre 1996, p. 4.

ASSOULINE, Pierre, « Pour commencer », *Lire*, n° 250, novembre 1996, pp. 7 et 9.

ASSOULINE, Pierre. *Gaston Gallimard : un demi-siècle d'édition française*. Paris, Seuil, 1996. 534 p. (Coll. « Points »)
    Plusieurs références à Malraux.
    Première édition : Paris, Balland, 1984.

ATTALI, Jean, « Le Rêve d'une culture universelle », *Dunkerque Magazine*, n° 58, octobre 1996, p. 13.

AUDÉTAT, Michel, « Malraux renaît de ses cendres », *L'Hebdo*, n° 42, 17 octobre 1996, pp. 84-5.

• AUTHIER, François-Jean. *Étude sur André Malraux. L'Espoir*. Paris, Ellipses, 1996. 110 p. (Coll. « Résonances », série « Œuvres »)

AUTRAND, Michel, « Domnica Radulescu, André Malraux, the "Farfelu" as expression of the Feminine... », *Revue d'histoire littéraire de la France*, vol. 96, n° 2, mars-avril 1996, p. 344.

AUTRAND, Michel, « *"Royaume-Farfelu"* : une clé pour *"La Condition humaine"* », pp. 19–24 in *"André Malraux"*.

AUTRAND, Michel, « Introduction », pp. IX–XLVIII in *André Malraux. Œuvres complètes*, t. II (Paris, Gallimard, 1996. LXIX-1825 p. [Coll. « Bibliothèque de la Pléiade »]).

AYMÉ, Marcel, « De quoi parle Malraux ? », *Cahiers Marcel Aymé*, n° 12, 1996, pp. 29–32.
    Déjà paru dans *Arts* du 20 novembre 1963.
    Voir : 1992 AYMÉ.

AZIZA, Claude, « 500 films pour une guerre », *L'Histoire*, n° 200, juin 1996, pp. 40-1.

BALSAMO, Isabelle, « André Chastel et l'"aventure" de l'Inventaire », pp. 95–105 in *André Malraux ministre...*
    Voir : 1997 BASALMO.

BANIOL, Robert, « André Malraux : un destin d'exception (I) », *Phosphore*, n° 186, octobre 1996, pp. VII-VIII.

BANIOL, Robert, « André Malraux : un destin d'exception (II) », *Phosphore*, n° 187, novembre 1996, pp. XI-XII.

BARRIÈRE, Gérard, « Bouillant de culture. Malraux », *Muséart*, n° 65, novembre-décembre 1996, pp. 96–9.

BASSI, Michel, « Malraux au Panthéon : le message politique de Chirac », *Le Télégramme de Brest et de l'Ouest*, n° 16001, 25 novembre 1996, p. 3.

BAUMBERGER, Jeanne, « Seul à Marseille l'Alhambra marque l'événement. L'automne Malraux ne fait pas recette », *Le Provençal*, n° 18733, 14 novembre 1996, p. 9.

BAYLE, Thierry, « Malraux en poche », pp. 66-7 in *"Malraux et sa légende"*.

BEAUVOIR, Simone DE, « [Témoignage inédit] », p. 78 in *"Les Mille et un visages de Malraux..."*.

BECCACECE, Hugo, « André Malraux intimo », *Suplemento Literario – La Nación*, 24 novembre 1996, pp. 1-2.

● BEĆIROVIĆ, Komnen. *André Malraux ou la grandeur humaine.* Lausanne, L'Âge d'Homme, 1996. 76 p. (Coll. « Témoignages »)

BEIGBEDER, Yves, « Malraux à la lumière de l'Inde », pp. 148–51 in *Malraux et l'Inde : itinéraire d'un émerveillement.*

BÉLIT, Marc, « Particulier ou universel », *Forum*, n° 192, janvier-février 1996, p. 3.

BÉLIT, Marc, « Malraux. Quel Malraux ! », *Forum*, n° 196, novembre 1996, pp. 3–5.

BENAÏ, Nouara, « Malraux au Panthéon », *Livres-Hebdo*, n° 219, 4–11 octobre 1996, p. 77.

BÉNIT, André. *La Guerre civile espagnole dans la littérature belge. Paul Nothomb : Histoire, roman et mythe.* Madrid, Servicio de Publicaciones de la Universidad Complutense, 1996. 938 p. Pp. 567–822.

BERNARD, Alain, « Des Conquérants aux Anti-Mémoires », *Sud-Ouest*, 11 novembre 1996, p. B.

BERNARD, Jérôme, « Malraux, d'Angkor au Panthéon », *Le Journal des Arts*, n° 30, novembre 1996, pp. 1 et 8.

BERNARD, Yves-Michel, « L'Art, cette grandiose tentative de durer », *Regards*, n° 18, novembre 1996, pp. 58-9.

BERTIN, Jacques, « Malraux ministre », *Politis*, n° 419, 21 novembre 1996, p. 17.

BESANÇON, Julien, « Quand Malraux parlait du Général », *Le Figaro*, n° 16257, 22 novembre 1996, p. 8.

BESSON, Patrick, « Un Point commun avec Juppé », p. 2 in *Le Figaro* [*littéraire*].

BEYER DE RYKE, Luc, « André Malraux. Le gaullisme au Panthéon », *Réforme*, n° 2694, 28 novembre–3 décembre 1996, p. 2.

BIFFAUD, Olivier, « La République rend hommage à André Malraux dont les cendres sont transférées au Panthéon », *Le Monde*, n° 16121, 24-25 novembre 1996, p. 26.

BILLARD, Pierre, « Un Ministère en héritage », p. 114 in *"Le Sacre de Malraux"*.

BILLARD, Pierre, « Lectures d'une vie », *Le Point*, n° 1256, 12–20 octobre 1996, pp. 110-1.
C. r. de 1996 LYOTARD, *Signé Malraux*.

BLANCHOT, Maurice, « Le Musée, l'art et le temps », *Critique*, t. 52, n°s 591-592, août-septembre 1996, pp. 601–27.
Déjà paru dans *Critique*, t. 6, n° 43, 15 décembre 1950, pp. 195–208 et t. 6, n° 44, 15 janvier 1951, pp. 30–42.
Repris sous le même titre dans *L'Amitié* (Paris, Gallimard, 1971), pp. 21–51.

BLAZY, François, « L'Hommage à André Malraux », *Sud-Ouest*, 13 novembre 1996, p. G.

BLUME, Mary, « A temple to Changing Ideas of Greatness », *International Herald Tribune*, October 5, 1996, p. 28.

- BOCHET, Marc. *L'Espoir de Malraux : étude de l'œuvre*. Paris, Hachette éducation, 1996. 95 p. (Coll. « Repères Hachette »)

BOCKEL, Pierre, « [Témoignage inédit] », pp. 78–83 in *"Les Mille et un visages de Malraux..."*.

BOILLON, Colette, « La "Célébration" d'André Malraux », *La Croix*, n° 34566, 17-18 novembre 1996, p. 23.

- BOISDEFFRE, Pierre DE. *André Malraux : la mort et l'histoire*. Monaco-[Paris], Éditions du Rocher, 1996. 264 p.
  Voir : 2001 BOISDEFFRE.

BOISDEFFRE, Pierre DE, « Histoire de notre politique culturelle », *Revue des deux mondes*, mars 1996, pp. 174–7.

BOITEL, Philippe, « Malraux, une vie entre deux guerres », *Notre histoire*, n° 139, décembre 1996, pp. 10–3.

- BONHOMME, Béatrice *et* Patrice VILLANI. *Étude sur André Malraux. La Condition humaine*. Paris, Ellipses, 1996. 111 p. (Coll. « Résonances », série « Œuvres »)

BONHOMME, Béatrice. *Le Roman au XXᵉ siècle à travers dix auteurs : de Proust au Nouveau roman*. Paris, Ellipses, 1996. 206 p.
  Pp. 127–43 : « André Malraux (1901–1976) ».

BONNEFIS, Philippe,
  « Jean-François Lyotard : "La vie de Malraux doit être lue comme un recueil de légendes" », pp. 26–30
  « Une Biographie de moins. *Signé Malraux*, J.-F. Lyotard, éd. Grasset », p. 29
  in *"Malraux et sa légende"*.

BONNET, Jacques, « Malraux ou la fausse monnaie de l'absolu », *Écrivain magazine*, n° 6, octobre-novembre 1996, pp. 46-7.

BOSC, Alexandre, « "N'était-ce donc que cela ?" », pp. 43–54 in *"Le Retour de Malraux"*.

BOSQUET, Alain. *La Mémoire ou l'oubli*. T. II : *Les Fruits de l'an dernier*. Paris, B. Grasset, 1996. 299 p. (Coll. « La mémoire et l'oubli »)
  Pp. 115–27 : « André Malraux ».

BOTT, François, « Un Regard d'esthète sur l'Histoire », p. 3 in *"Malraux dans le siècle"*.
Déjà paru dans *Le Monde*, n° 9852, 26-27 septembre 1976, p. 18.

BOUGUEREAU, Jean-Marcel, « Aux métamorphoses de Malraux, la patrie reconnaissante », *Le Nouveau Quotidien*, n° 1404, 22-23-24 novembre 1996, p. 4.

BOULAY, Anne *et* Mathieu LINDON, « Malraux, monumental devant le Panthéon », *Libération*, n° 4824, 22 novembre 1996, p. 37.

BOURCIER, Jean-Pierre, « Jack Lang écrit à Malraux », *La Tribune Desfossés*, n° 24465, 30 octobre 1996, p. 42.
C. r. de 1996 LANG, *Lettre à Malraux*.

BOURCIER, Jean-Pierre, « Bernard Spitz : le chantre de Malraux », *La Tribune Desfossés*, n° 24473, 22-23 novembre 1996, p. 40.

BOURCIER, Jean-Pierre, « Malraux et sa légende portés au Panthéon », *La Tribune Desfossés*, n° 24475, 25 novembre 1996, p. 27.

BOUSSINOT, Roger / BLARD, William, « L'Ultime rencontre », *Sud-Ouest* [Charente], 23 novembre 1996, p. 2.

BRA, Olivier, « Cinéma français et Malraux », *Star Arabia*, 28 novembre 1996, p. 54.

BRAJOT, Guy, « Les Premières années des maisons de la culture », pp. 63–78 in *André Malraux ministre...*

BRANCA, Vittorio, « [Témoignage inédit] », p. 83 in *"Les Mille et un visages de Malraux..."*.

BRAUDEAU, Michel, « À Malraux, la patrie reconnaissante », *Le Monde*, n° 16116, 19 novembre 1996, p. 14.

BRAYER, Yves, « [Témoignage inédit] », pp. 83-4 in *"Les Mille et un visages de Malraux..."*.

BRÉCHON, Robert, « Présentation. André Malraux : *La Condition humaine* », *Le Français dans le monde*, n° 42, juillet-août 1996, pp. 35–9.

BRIANÇON, Pierre, « Mausolées et histoires d'os », *Libération*, n° 4824, 22 novembre 1996, p. 5.

BRINCOURT, André, « André Malraux. Le refus du destin », *Études romanes*, n° 12, 1996, pp. 97–108.
Voir : 1997 BRINCOURT.

BRINCOURT, André, « L'Aventurier de l'art », pp. 51-2 in *"Malraux et sa légende"*.

BRINCOURT, André, « Malraux (André) 1901–1976 », pp. 737–9 in *Dictionnaire des intellectuels français : les personnes, les lieux, les moments* (Sous la direction de Jacques JULLIARD *et* Michel WINOCK ; avec la collaboration de Pascal BALMAND, Christophe PROCHASSON *et* Gisèle SAPIRO. Paris, Seuil, 1996. 1258 p.).
Voir : 2002 BRINCOURT.

BRINCOURT, André, « Biographies d'un mythe », p. 3 in *Le Figaro* [*littéraire*].
C. r. de 1996 LYOTARD, *Signé Malraux*.
C. r. de 1996 BOISDEFFRE, *André Malraux : la mort et l'Histoire*.

BRINCOURT, André, « André Malraux. Le secret du démon », *Le Figaro* [*littéraire*], n° 16023, 22 février 1996, p. 3.
C. r. de André MALRAUX, *Œuvres complètes*, t. III (1996 *notice*).

BRISON, Daniel,
« "J'ai rencontré l'Alsace..." »
(Sur l'imprégnation de la vie et de l'œuvre de Malraux par l'Alsace.)
« Bockel - Malraux, une amitié vibrante »
L'Alsace, n° 275/11781, 23 novembre 1996, p. 3.

• BROYER, Jean. *Malraux, La Condition humaine*. Paris, Ellipses, 1996. 64 p. (Coll. « 40/40 »)

BROWN, John L., « Curtis Cate, *André Malraux: A Biography* », *World Literature Today*, Vol. 70, no. 3, Summer 1996, pp. 658-9.

BRUCKNER, Pascal, « Malraux désembaumé », p. 26 in *"L'Épopée Malraux"*.
C. r. de 1996 LYOTARD, *Signé Malraux*.

BRUNEL, Claude, « Notre siècle au "Miroir des limbes". Textes réunis et présentés par Christiane Moatti, Revue des lettres modernes », *Revue d'histoire littéraire de la France*, vol. 96, n° 1, janvier-février 1996, pp. 163–5.

BRUNEL, Claude / LEBER, Titus, « Il faut passer de l'informatique à la création », *CNED*, n° 8, juin-juillet-août 1996, pp. 20-1.
Interview.

BRUNEL, Pierre, « La Voix des profondeurs », pp. 73–81 in *"Le Retour de Malraux"*.

BRUNEL, Pierre, « Aridité et fécondité de "L'Espoir" », pp. 829–46 in *De Baudelaire à Lorca. Acercamiento a la modernidad* ; *Literaria. Von Baudelaire zu Lorca. Signaturen der literarischen Modern / De Baudelaire à Lorca. Approches de la modernité littéraire* ; *From Baudelaire to Lorca. Approch to literay modernism* (Estudios reunidos por José-Manuel LOSADA-GROYA, Kurt REICHENBERGER, Alfredo Rodríguez LÒPEZ-VÁZQUEZ. Kassel, Ed. Reichenberger, 1996. 951 p. [Coll. « Problemata literaria »]).

• *Bulletin de l'Académie Royale de Langue et Littérature Françaises* Voir *"Journée André Malraux"*.

BUMIER, Michel-Antoine,
    « Dernier hommage d'un admirateur », pp. 59-60
    « Malraux, le rebelle », pp. 128-9
    (C. r. de André MALRAUX, *Œuvres complètes*, t. III [1996 *notice*].)
L'Express, n° 2333, 21–27 mars 1996.

BURCH, Noël, « Note technique », pp. 1588-9 in André MALRAUX, *Œuvres complètes*, t. II (Paris, Gallimard, 1996. LXIX-1825 p. [Coll. « Bibliothèque de la Pléiade »]).

BURCH, Noël, « Note technique », pp. 13–5 in André MALRAUX. *Espoir. Sierra de Teruel* (Introduction de François TRÉCOURT. Note technique de Noël BURCH. Paris, Gallimard, 1996. XV-165 p. [Coll. « Folio »]).

CABANES, Claude, « La Pesanteur et le rêve », *L'Humanité*, n° 16262, 25 novembre 1996, p. 2.

CALVINO, Italo, « [Témoignage inédit] », p. 84 in *"Les Mille et un visages de Malraux..."*.

CARIES, Françoise, « "Prenez place, André Malraux" », *La Dépêche du Midi*, n° 17586, 24 novembre 1996, pp. 1, 2.

CARRÉ, Ambroise-Marie, « [Témoignage inédit] », pp. 84-5 in *"Les Mille et un visages de Malraux..."*.

CARRÉ, Gaston, « Bloc-notes. La fin du Tragique. [Commémoration André Malraux] », *Lëtzebuerger Journal*, vol. 49, n° 223, 1996, p. 15.

CARTIER, Marie, « Les Romans de Malraux », pp. 70–128 in *Spécial Bac. Français Première L. Écrit et Oral : analyses, sujets traités, lectures méthodiques*. Paris, Albin Michel, 1996. 187 p.

CASSAN, Antoine, « Des Écrivains engagés, déchirés, manipulés : Brasillach, Malraux et quelques autres », *Enquête sur l'histoire*, n° 16, 1996, pp. 48–50.

CASTÉRA, Isabelle, « Hommage à Malraux. Rencontre avec l'Homme », *Sud-Ouest*, 23 novembre 1996, p. J.

CASTIEL, Anita, « Un Automne couleur Malraux », *Parcours*, n° 106, novembre 1996, p. 41.

CASTO FLÓREZ, Fernando, « Consideraciones [mareo] en torno a Malraux », *El Urogallo*, n° 126, Noviembre 1996, pp. 36–44.

CATE, Curtis, « André Malraux homme d'action et écrivain engagé », pp. 217–31 in *"Journée André Malraux"*.

CATE, Curtis, « Orateur exalté ou drolatique », pp. 15–27 in *"Les Mille et un visages de Malraux..."*.

CATINCHI, Philippe-Jean, « Le Choix des philologues », p. XII in *Le Monde [des livres]*.

CAUMER, Julien, « Les Dossiers secrets des R G », *L'Express*, n° 2357, 5–11 septembre 1996, pp. 46–9.

CAVIGLIOLI, François, « L'Opium imaginaire », p. 16 in *"L'Épopée Malraux"*.

C.W. Voir [WROEBEL]

Ch.L., « Dunkerque célèbre André Malraux », *La Voix du Nord*, n° 16273, 11 octobre 1996, p. [4].

CHABOT, Jacques, « L'Érotisme », pp. 59–88 in *Actes du colloque "André Malraux"*.

CHADDOCK, Gail Russell, « Malraux joins France's Pantheon of "Great Men" », *Christian Science Monitor*, Vol. 89, no. 1, November 25, 1996, p. 1.

CHAGALL, Marc, « [Témoignage inédit] », pp. 85-6 in *"Les Mille et un visages de Malraux..."*.

CHAIPRASATHNA, Sodchuen, « André Malraux. Résumé succinct en thaï de l'article d'Antoine Terrasse intitulé "André Malraux et le mystère de la création en art" », pp. 38–46 in *André Malraux en Thaïlande*.
L'article d'Antoine Terrasse « André Malraux et le mystère de la création en art » a été publié pp. 159–91 dans *André Malraux* (Paris, Hachette, 1979. [Coll. « Génies et Réalités »]).

CHAMBAS, Jean-Paul / CARIES, Françoise, « "J'espère que la télévision n'écrasera pas tout" », *La Dépêche du Midi*, n° 17585, 23 novembre 1996, p. 3.
Entretien sur Malraux avec le metteur en scène de la cérémonie du Panthéon.

• CHAMPEYRACHE, Jane. *André Malraux, 1901–1976*. Paris, La Poste, 1996. [12 p.]. (Coll. « Collection historique du timbre-poste français ») *[Non vérifié.]*

CHANTÉRAC, Arnaud DE, « L'Esbroufeur Malraux », *Écrits de Paris*, n° 583, décembre 1996, pp. 55–8.

CHARPENTIER, Véronique, « Texte 1 : La prise de l'hôtel Colon à Barcelone », *L'École des lettres* (II), n° 5, 15 novembre 1996, pp. 35–50.

CHARPENTIER, Véronique, « Texte 2 : Le survol de Basajoz », *L'École des lettres* (II), n° 6, 15 décembre 1996, pp. 25–60.

CHASTEL, André, « L'Invention de l'inventaire », pp. 85–93 in *André Malraux ministre...*

CHAUVEAU, Éric, « Revisiter une œuvre et une vie », *Sud-Ouest*, 14 octobre 1996, p. G.

CHIRAC, Jacques, « [Discours prononcé à l'occasion du transfert des cendres d'André Malraux au Panthéon, le 23 novembre 1996] », *Le Figaro*, n° 16259, 25 novembre 1996, pp. 6-7.

• CHOISEUL, Clotilde DE. *Voyage de Malraux en Inde : Bombay 1974.* Albi, AGSJ (Atelier graphique Saint-Jean), 1996. 170 p.
Édition antérieure : 1974.

CHOUGNET, Jean-François, « Le Budget du ministère de la culture de 1959 à 1989 », pp. 231–8 in *André Malraux ministre....*

CLUNY, Claude-Michel,
« Malraux le rebelle », pp. 128-9
« Dernier hommage d'un admirateur »,
(C. r. de 1996 STÉPHANE, *André Malraux, premier dans le siècle.*)
L'Express, nº 1333, 21–29 mars 1996, p. 129.

COCCO, Enzo. *Viggio e metafisica : Segalen, Malraux, Nizan.* Milano, Guerini scientifica, 1996. 174 p. (Coll. « Darsána ») [*Non vérifié.*]

COLAS, Jonathan-Mahiki, « André Malraux (1901–1976) survole le Yémen », *Journal de l'APAY*, nº 18, octobre–décembre 1996, pp. 5-6.

CONTE, Rafael, « André Malraux : la aventura y la metamorfosis », *El Urogallo*, nº 126, Noviembre 1996, pp. 28–36.

• COOL, Michel. *André Malraux : l'aventure de la fraternité.* Paris, Desclée De Brouwer, 1996. 120 p. (Coll. « Témoins d'humanité »)

COPIN, Henri. *L'Indochine dans la littérature française des années vingt à 1954. Exotisme et altérité.* Paris - Montréal, Éditions l'Harmattan, 1996. 319 p. (Coll. « Critiques littéraires »)
Nombreuses références à Malraux.

COPPERMANN, Annie, « Une Avalanche d'hommages », *Les Échos*, nº 17278, 22-23 novembre 1996, p. 47.

• CORNUD-PEYRON, Mireille. *La Condition humaine de Malraux.* Paris, Hachette, 1996. 96 p. (Coll. « Hachette Éducation », série « Repères Hachette »)

CORTANZE, Gérard DE,
« L'Œuvre romanesque », pp. 46–50
« Méditations sur la vie », pp. 87-8
in *"Malraux et sa légende".*

COURCEL, Pierre, « Sous les lambris du Palais-Royal », *Regards*, n° 18, novembre 1996, pp. 59-60.

CRESCIUCCI, Alain, « Ouvrages sur André Malraux », pp. 101–3 in *"André Malraux"*.

• CRUZ, Richard A. *André Malraux : The Anticolonial and Antifasciste Years*. University of North Texas, Ph.D., 1996. 281 f.
  Cf. *Dissertation Abstracts International*, Vol. 57, no. 4, October 1996, p. 1801A.

D.A., « Lettre à Lang... par Malraux », *La Nouvelle République du Centre-Ouest*, n° 15835, 20 novembre 1996, p. 22.

D.K., « André Malraux », *L'Express*, n° 2366, 7–13 novembre 1996, p. 164.

DABEZIES, André, « Malraux entre deux visions de l'histoire », pp. 53–7 in *Actes du colloque "André Malraux"*.

DAGEN, Philippe, « L'Art contre la servitude », p. XI in *Le Monde [des livres]*.

DAIX, Pierre, « Plus homme révolté qu'homme de gauche », p. 7 in *Le Figaro [littéraire]*.

• DAMBRON, Patrick. *André Malraux ou l'anti-destin*. Woignarue [Somme], Éditions Vague Verte, 1996. 40 p. (Coll. « Souvenance »)

DANIEL, Jean, « Le Mythe Malraux », pp. 56-7 in *"L'Épopée Malraux"*.

[DANIEL, Jean] J.D., « Chacun son Malraux », *Télé Obs*, n° 1671, 14–20 novembre 1996, p. 3.
  C. r. du documentaire de RONDEAU, *André Malraux ou la "grande vie"* [1996 *notice*].

DANIEL, Jean, « Malraux, de Gaulle et les Allemands », *Le Nouvel Observateur*, n° 1673, 28 novembre–4 décembre 1996, p. 54.

DANIEL, Jean, « [Témoignage inédit] », pp. 86-7 in *"Les Mille et un visages de Malraux..."*.

DASPRE, André, « André Brincourt, *Messagers de la nuit, Roger Martin du Gard, Saint-John Perse, André Malraux*, Grasset, 1994 », *Cahiers Roger Martin du Gard*, n° 5, 1996, pp. 223-4.

DAURIOS, Michel, « Courrier des lecteurs : Malraux », *Sud-Ouest*, 24 décembre 1996, p. M.

DEBERNARDI, Gilles, « Malraux, un mythe au Panthéon », *Le Dauphiné libéré*, 51e an., n° 16177, 22 novembre 1996, p. 38.

DEBORD, Guy Ernest. *"Potlatch" (1954–1957)*. Paris, Gallimard, 1996. 291 p. (Coll. « Folio »)
    Pp. 111-2 : « Pire qu'Adamov ».
    Déjà paru dans *Potlatch*, n° 16, 26 janvier 1955.
    Pp. 167-8 : « Le Bœuf gras ».
    Déjà paru dans *Potlatch*, n° 21, 30 juin 1955.
    Articles partiellement consacrés à Malraux.

DEBRAY, Régis, « Le Siècle ou sa légende ? », p. 4 in *"Malraux dans le siècle"*.
    Paru dans *Le Monde*, n° 9904, 27 novembre 1976, p. 13.

DEBRAY, Régis, « Bourdet, Malraux : destins croisés », *Politis*, n° 419, 21 novembre 1996, pp. 18-9.

DEBRAY, Régis, « Notre Fantomas », *L'Humanité*, n° 16260, 22 novembre 1996, p. 11.

DEBRAY, Régis, « André Malraux, perdant magnifique », *Le Monde*, n° 16120, 23 novembre 1996, p. 16.

DE DECKER, Jacques, « Cinéaste d'un film et théoricien », *Le Soir*, n° 274, 20 novembre 1996, p. 37.

[DE DECKER, Jacques] J.D.D.,
    « L'Ultime domicile qui s'imposait »
    « De Gaulle, ce rebelle »
    Le Soir, n° 277, 23-24 novembre 1996, p. 11.

DELABARRE, Michel, « Que l'esprit de Malraux souffle sur Dunkerque ! », *Dunkerque Magazine*, n° 58, octobre 1996, p. 10.

DELACROIX, Olivier, « Les "Antifunérailles" de Malraux », *Le Figaro*, n° 16257, 22 novembre 1996, p. 29.

DELPUECH, Laurent, « Malraux et l'ENA », *Dernières Nouvelles d'Alsace* [Bas-Rhin], n° 275, 24 novembre 1996, p. 4.

DELPUECH, Philippe, « André Malraux et la reine de Saba : la rencontre de la légende et de l'histoire », pp. 82–93 in *Le Retour de Malraux*".

DÉLY, Renaud, « Malraux, un gaulliste au Panthéon », *Libération*, n° 4735, 10-11 août 1996, p. 12.

DENIAU, Jean-François, « André Malraux. La légende du siècle », pp. 64–72 in *Le Figaro* [*Magazine*].

DENIS, Stéphane, « Malraux le visionnaire », *Paris-Match*, n° 2479, 28 novembre 1996, pp. 50–61.

DENTAN, Yves, « Malraux dans nos cœurs », *Réforme*, n° 2694, 28 novembre–3 décembre 1996, p. 4.

DENTAN, Yves. *Souffle du large : douze rencontres de Mauriac à Malraux*. Lausanne, La Bibliothèque des arts, 1996. 204 p. (Coll. « Collection Pergamine »)
    Pp. 183–200 : « La passion d'André Malraux ».

DESCAMPS, Christian, « [sans titre] », *La Quinzaine littéraire*, n° 702, 16–31 octobre 1996, pp. 5-6.

DESSENDIER, Delphine. *Révolte et révolutions dans "Destruction" de Pa Kin et "La Condition humaine" d'André Malraux*. Mémoire de Maîtrise en littérature générale et comparée, sous la direction de Yinde Zhang. Université de la Sorbonne Nouvelle - Paris III, 1996. 121 f.
    Mémoire consultable à Paris III - BUFR Littérature générale et comparée : B 9638.us.

DÉTRIE, Catherine, « Clappique au "cercle" : jeux et enjeux », *L'Information grammaticale*, n° 68, janvier 1996, pp. 34–8.

DIVE, Bruno, « "Prenez place..." André Malraux au Panthéon », *Sud-Ouest*, 24 novembre 1996, p. 4.

DIXIT, J.N., « Rencontre avec Malraux » (trad. Laurence BASTIT), pp. 115–7 in *Malraux et l'Inde : itinéraire d'un émerveillement*.

DJIAN, Jean-Michel, *La Politique culturelle*. Paris, "Le Monde" éd./ Alleur [Belgique], Marabout, 1996. 282 p. (Coll. « Le Monde poche. Synthèse »)
    Pp. 69–81 : « Le gaullisme ou l'institutionnalisation de la culture ».

DOMENACH, Jean-Marie, « [Témoignage inédit] », pp. 87-8 in *"Les Mille et un visages de Malraux..."*.

DOUSTE-BLAZY, Philippe, « L'Automne Malraux », *Figaroscope*, n° 16231, 23 octobre 1996, p. 9.

DOUSTE-BLAZY, Philippe, « Faire partager la fierté, le talent et le courage d'André Malraux », *Dunkerque Magazine*, n° 58, octobre 1996, p. 15.

DOUSTE-BLAZY, Philippe, « Malraux était l'épée de l'esprit », pp. 62-3 in *Le Figaro [Magazine]*.

DOUSTE-BLAZY, Philippe, « Modernité d'André Malraux », *Le Monde*, n° 16121, 25-26 novembre 1996, p. 19.

DOUSTE-BLAZY, Philippe, « Malraux au Panthéon », *Sélection du Reader's digest*, vol. 49, n° 598, décembre 1996, pp. 50–5.

DROIT, Roger-Pol, « Le Jeu de l'art et du néant », p. III in *Le Monde [des livres]*.
    C. r. de 1996 LYOTARD, *Signé Malraux*.

DROT, Jean-Marie / MARTIN LA MESLÉE, Valérie, « Tous les musées du monde étaient dans sa tête », pp. 45–57 in *"Malraux et sa légende"*.

DUBOIS, Claude, « Le Riti... et les initiatives de Malraux », *Figaroscope*, n° 16231, 23 octobre 1996, p. 5.

DUBOIS, Étienne, « Malraux l'humaniste contre Le Pen l'égoïste », *Le Nouveau Quotidien*, n° 1405, 25 novembre 1996, p. 4.

DUCHESNE, Christine, « Malraux, homme de lettres engagé », *Sud-Ouest*, 22 novembre 1996, p. F.

DUCHESNE, Christine, « L'Homme de lettres engagé », *Sud-Ouest*, 23 novembre 1996, p. I.

DUEZ, Daniel / D.[UCROS], C.[hristine], « Cette voix qui parlait aux tripes », *France-Soir*, n° 16267, 23 novembre 1996, p. 5.

DUFAY, François, « Entre ici, André Malraux », p. 112 in *"Le Sacre de Malraux"*.

DUHAMEL, Alain, « L'Écrivain engagé », *Dernières Nouvelles d'Alsace*, n° 275, 24 novembre 1996, p. 3.

DUMRONGLERT, Jintana, « André Malraux et le général de Gaulle », pp. 120–33 in *André Malraux en Thaïlande*.

DUNETON, Claude, « Le Style à la loupe », p. 2 in *Le Figaro* [*littéraire*].

DUPUY, Gérard, « Un Totem consensuel », *Libération*, n° 4825, 23-24 novembre 1996, p. 3.

DUTOURD, Jean, « Le Panthéon des non-fumeurs », *France-Soir*, n° 16249, 2 novembre 1996, p. 2.

• *Éléments de chronologie sur les débuts du ministère de la culture : le ministère Malraux 1959–1969, Ministère de la culture*. Département des études et de la prospective. Paris, Ministère de la culture, 1996. 41 p.
   Voir : 1991 *Éléments...*

EMEIS, Harald, « Le Couple André et Clara Malraux dans le *Journal* et dans *L'Été 1914* », *Cahiers Roger Martin du Gard*, n° 5, 1996, pp. 75–87.

EMERY, Jean-Pierre *et* Dominique GAROReT-GUISELIN (présentés par), « [Témoignages inédits] », pp. 75-7 in *"Les Mille et un visages de Malraux..."*.

EMMANUEL, Pierre, « [Témoignage inédit] », p. 89 in *"Les Mille et un visages de Malraux..."*.

• *"L'Épopée Malraux"*, *Le Nouvel Observateur*, n° 1663, 19–25 septembre 1996.
   Voir : BRUCKNER, CAVIGLIOLI, DANIEL, LACOUTURE, LYOTARD, ROY.

• *Espoir. Sierra de Teruel*. Paris, Association française des cinémas d'art et d'essais (AFCAE). Répertoire André Malraux, 1996. 8 p.
   Cette brochure illustrée présente le film *Espoir. Sierra de Teruel* de Malraux.

FABRE, Thierry, « André Malraux : portrait de l'aventurier en miroir », *Esprit*, n° 227, 1ᵉʳ décembre 1996, pp. 179–85.

FALIGOT, Roger *et* Rémi KAUFFER, « As-tu vu Cremet ? Du nouveau sur Malraux, la Chine et le Komintern », pp. 21–30 in *Asie Extrême* (Université Haute Bretagne, Rennes 2, Publications du Centre d'études et de recherches sur l'Asie orientale de l'Université [CERAO], 1996. 144 p.).

FARDEAU, Patrice, « Présentation de l'artiste en romancier », *Regards*, n° 18, novembre 1996, pp. 56–7.

FAVARGER, Alain, « Malraux rejoint au Panthéon les autres gloires de la République », *La Liberté*, n° 126/46, 23-24 novembre 1996, p. 24.

FERRAND, Sylvie. *Bernard Anthonioz et son action au Ministère chargé des affaires culturelles au temps d'André Malraux (1958–1969)*. Mémoire en Histoire de l'art et d'archéologie, sous la direction de Serge Lemoine, Sorbonne Paris IV, 1996. 93-XXXVII f.
Mémoire consultable à la Bibiothèque Centre Michelet à Paris : C/M 1996-12.

FERRÉ, Jean-Luc,
« De l'Indochine à la résistance »
« Malraux, gaulliste éperdu »
« Malraux, l'écrivain »
« Malraux, l'intellectuel »
Les Clés de l'Actualité, n° 229, 28 novembre–4 décembre 1996, p. 10.

• *Le Figaro* [*littéraire*], numéro spécial : *"André Malraux, la légende du siècle"*, n° 16256, 21 novembre 1996.
Voir : BESSON, BRINCOURT, DAIX, DUNETON, FOUCART, GRAINVILLE, MATIGNON, NOURISSIER, OLIVIER, ORMESSON, PEYREFFITE, ROUART, ZARADER.

• *Le Figaro* [*Magazine*], numéro spécial : *"André Malraux : la voie royale"*, n° 16258, 23 novembre 1996.
Voir : DENIAU, DOUSTE-BLAZY, GRIOTTERAY, NOURISSIER, PLUNKETT, PRAT, SAINT-ANDRÉ, SAINT VINCENT, VAN DER PLAETSEN.

FONTAINE, André, « La Patrie et ses "grands hommes" », *Le Monde*, n° 16120, 23 novembre 1996, p. 15.

FORT, José,
« Brigades internationales. L'Espagne revisite son histoire »
« Le Souvenir de Malraux »
L'Humanité, n° 16260, 22 novembre 1996, p. 9

FOUCART, Bruno, « La Religion de l'art », p. 6 in *Le Figaro* [*littéraire*].

FRANK, Bernard. *En soixantaine. Chroniques 1961–1971*. Paris, Julliard, 1996. 478 p.
> Pp. 271–3 : « C'est difficile de bien vieillir ».
> Pp. 420–3 : « Le chat d'André Gide ».

FRANK, Bernard. *Mon siècle : chroniques 1952–1960*. Paris, Julliard, 1996. 396 p.
> Nombreuses références à Malraux.
> Voir : 1993 FRANK.

FRANK, Bernard, « Quelle importance ? », *Le Nouvel Observateur*, n° 1634, 29 février–6 mars 1996, p. 80.
> C. r. de 1996 STÉPHANE, *Malraux, premier dans le siècle*.

FRANK, Bernard, « Génie de l'adolescence ? », *Le Nouvel Observateur*, n° 1635, 7–13 mars 1996, pp. 78-9.

FRAPPAT, Bruno, « 25 novembre 1996 : La foire aux mots : Panthéon », *La Croix*, n° 34572, 24-25 novembre 1996, p. 24.
> Voir : 2001 FRAPPAT.

FREITAS, Maria Teresa DE, « Fiction et autofiction : techniques de ré–écriture chez Malraux », pp. 315–20 in *Actes du XIXe Congrès International de la Fédération Internationale des Langues et Littératures Modernes (FILLM)* (Brasília, Université de Brasília, 1996). *[Non vérifié.]*

FREITAS, Maria Teresa DE, « Escrever é re-escrever : vide André Malraux », pp. 227–33 in E. HEIZER (org.), *Facetas da pós-Modernidade – A Questão da Modernidade, Cad. 2*. São Paulo, Centro de Estudos Franceses - FFLCH/USP, 1996. *[Non vérifié.]*

FRÉROT, Christine. *Échanges artistiques contemporains : la France et le Mexique*. Avant-propos de Jean-Luc CHALUMEAU ; préface de Georges COUFFIGNAL. Paris - Montréal, Éditions l'Harmattan, 1996. 159 p. - 32 p. (Coll. « Recherches & documents Amérique Latine »)
> Pp. 34–9 : « Les années 60 : Apogée des échanges artistiques entre les deux pays. Les voyages officiels : André Malraux, Adolfo Lopez-Mateos et Charles de Gaulle ».

FREUND, Gisèle, « Gisèle Freund raconte Malraux », pp. 31, 39, 45, 53, 59 in *"Malraux et sa légende"*.

● [FREUND, Gisèle.] *Malraux sous le regard de Gisèle Freund [photographies]*. Paris, Éditions Nina Beskow, 1996. [70] p.
   Catalogue de l'exposition à Paris, Grand Palais, 7 octobre–1er décembre 1996.

FRIEDEN, Pierre, « Le Sacre de Malraux. Le transfert des cendres de l'écrivain au Panthéon (23 novembre 1996) », *Luxemburger Wort. Die Warte*, n° 35/1789, 21 November 1996, p. 1.

FRISON-ROCHE, Roger, « [Témoignage inédit] », p. 90 in *"Les Mille et un visages de Malraux..."*.

FRITSCH, Laurence, « Dans le froid, l'adieu au grand homme », *France-Soir*, n° 16268, 25 novembre 1996, p. 20.

F.T.   Voir [TRÉCOURT]

FULDA, Anne, « Chirac, Malraux et le "gaullisme de France" », *Le Figaro*, n° 16259, 25 novembre 1996, p. 6.

GAIGNAULT, Fabrice, « Jean-François Lyotard, "Signé Malraux" », *Elle*, n° 2655, 18 décembre 1996, p. 47.

GARDANNE, Jean-Michel, « Malraux au Panthéon. Chirac s'est adressé à la France », *Le Provençal*, n° 18743, 24 novembre 1996, p. 20.

GARY, Romain, « André Malraux ou l'honneur d'être un homme », p. 4 in *"Malraux dans le siècle"*.
   Déjà paru dans *Le Monde*, n° 10203, 18 novembre 1977, pp. 1 et 13.

GAUDEMER, Antoine DE, « De l'innovation à l'usure du pouvoir », *Libération*, n° 4825, 23-24 novembre 1996, p. 6.

GAUTIER, Henri-Michel, « Malraux au pays des ombres », *Le Spectacle du monde*, n° 416, novembre 1996, pp. 86–92.

GAUVILLE, Danielle. *L'Écriture de l'histoire dans le roman en Europe de 1933 à 1986 : André Malraux, "La Condition humaine", Milan Kundera, "La plaisanterie", Pier Maria Pasinetti, "Dorsoduro", Antonio Munõz Molina, "Beatus Ille"*. Mémoire de D.É.A. en Lettres Modernes. Université de Bordeaux, 1996. 69 f.
   Mémoire consultable à Bordeaux 3 - BUFR - Lettres Anglais : DEA 012.c.

GAYMARD, Hervé, « Cher André Malraux », pp. 28–37 in *Les Mille et un visages de Malraux...*.

• GAYMARD, Hervé. *Pour Malraux*. Paris, La Table Ronde, 1996. 98 p.

GAZIER, Michèle, « Sa vie est un roman », *Télérama*, n° 2445, 23–29 novembre 1996, p. 106.
    C. r. de 1996 LYOTARD, *Signé Malraux*.

GENESTAR, Alain, « L'Histoire et le présent », *Le Journal du dimanche*, n° 2604, 24 novembre 1996, p. 21.

• GERBER, François. *Malraux - De Gaulle : la nation* retrouvée. Préface d'Alain PEYREFITTE. Paris-Montréal, Éditions l'Harmattan, 1996. 263 p.

GERMAIN-THOMAS, Olivier, « Malraux, vingt ans après », *Le Figaro* [*littéraire*], n° 16190, 5 septembre 1996, p. 32.

GERMAIN-THOMAS, Olivier, « [Témoignage inédit] », pp. 90-1 in *Les Mille et un visages de Malraux...*.

GILBART, Stéphane, « André Malraux et le Luxembourg. Une conférence de Frank Wilhelm au Centre Culturel français », *Luxemburger Wort*, n° 229, 14 novembre 1996, p. 5.

GIRADOU, Lucien, « Les Romans de Malraux », pp. 144–208 in *Les "Fables" de La Fontaine, livres VII à XII, Le drame romantique, Les romans de Malraux : bac 97, français, première L.* (Paris, Nathan, 1996. 128 p. [Coll. « Balises-dossiers »]).

GIRARD, Augustin, « Les Politiques culturelles d'André Malraux à Jack Lang », pp.13–8 in *Institutions et vies culturelles* (Réalisé sous la direction de Jacques PERRET *et* de Guy SAEZ. Paris, La Documentation française, 1996. 152 p. [Coll. « Les notices / La Documentation française »]).

GIRARDIN, Chantal *et* Carine TRÉVISAN, « Aragon - Malraux : quel est celui des deux qui fera fusiller l'autre ? », *Faites entrer l'infini*, n° 22, décembre 1996, pp. 24-5.

GODARD, Henri, « Malraux et le colonel Lawrence », *Le Monde* [*des livres*], n° 15916, 29 mars 1996, p. II.
    C. r. de André MALRAUX, *Le Démon de l'absolu* (1996 *notice*).

GODARD, Henri, « De l'action à la métaphysique », p. V in *Le Monde* [*des livres*].

GODARD, Henri, « Le Mal dans *La Condition humaine* », pp. 29–36 in *Actes du colloque "André Malraux"*.

GORDY, Jacques, « Dans la grisaille, le besoin de grandeur des Français », *Le Soir*, n° 277, 23-24 novembre 1996, p. 11.

GORRARA, Claire, « Feminist Rereadings of the War Years: The Case of Clara Malraux », *French Cultural Studies*, Vol. 7, no. 1, February 1996, pp. 63–76.

GRAINVILLE, Patrick, « Le Regard des lycéens sur le romancier », p. 5 in *Le Figaro* [*littéraire*].

GRASDORFF, Gilles VAN, « Entre ici, André Malraux... Le transfert de ses cendres au Panthéon a lieu ce samedi », *Luxemburger Wort*, n° 270, 23-24 novembre 1996, p. 6.

GREENE, Robert W., « When Apollinaire, Malraux and Bonnefoy write about Art », *L'Esprit Créateur*, Vol. 36, no. 3, Fall 1996, pp. 94–105.

GREENFIELD, Anne, « Wives, Mothers and the Mirror-stage in *La Condition humaine* and *Le Temps du mépris* », *French Forum*, Vol. 21, no. 2, May 1996, pp. 231–43.

GRÉGOIRE, Ménie, « [Témoignage inédit] », pp. 91-2 in *"Les Mille et un visages de Malraux..."*.

GRIOTTERAY, Alain, « Le Panthéon imaginaire », p. 18 in *Le Figaro* [*Magazine*].

GRODENT, Michel, « Malraux le poète : aventurier tout court, le romancier de "L'Espoir" fut aussi aventurier littéraire », *Le Soir* [MAD], n° 177, 13 mars 1996, p. 37.

GRODENT, Michel, « André Malraux, le conquérant », *Le Soir* [MAD], n° 273, 20 novembre 1996, p. 36.

GRODENT, Michel, « Le Petit jeu malraucien de Jack Lang, ex-ministre de la Culture », *Le Soir*, n° 277, 23-24 novembre 1996, p. 11.
C. r. de 1996 LANG, *Lettre à Malraux*.

GROSSMANN, Robert, « Malraux, l'Alsace pour seconde patrie », *Dernières Nouvelles d'Alsace* [Édition Strasbourg], n° 272, 21 novembre 1996, p. 2.

GSTEIGER, Fredy, « Im Tempel der Toten », *Die Zeit*, Nr. 48, 22. November 1996, p. 56.

GUÉRIN, Jeanyves, « *Roman 20–50*, n° 19 : André Malraux », *Europe*, n°s 811-812, novembre-décembre 1996, pp. 232-3.

GUERRIN, Michel, « Malraux face à Gisèle Freund », *Le Monde* [*des livres*], n° 16101, 1er novembre 1996, p. XII.

GUERRIN, Michel *et* Emmanuel de GUERRIN, « Comment le ministère des finances détourne la loi Malraux ? », *Le Monde*, n° 16128, 3 décembre 1996, p. 27.

GUICHARD, Olivier / BIETTE, Jean-Marie, « "Un Français de premier rang" », *L'Éclair*, n° 15741, 23-24 novembre 1996, p. 6.

GUILBERT, Paul, « Le Révélateur Malraux », *Le Figaro*, n° 16258, 23-24 novembre 1996, p. 5.

GUILBERT, Paul, « Une Redoutable simplicité », *Le Figaro*, n° 16259, 25 novembre 1996, p. 6.

GUILLET, Charles-Marie, « La Lumière de Malraux », *La Croix*, n° 34571, 23 novembre 1996, p. III.

GUIOU, Dominique, « Documents littéraires. Malraux, Zweig, Paulhan, Jules Verne... », *Le Figaro* [*littéraire*], n° 16190, 5 septembre 1996, p. 36.

GUISSARD, Lucien, « André Malraux et l'imaginaire », *Revue générale belge*, n° 10, octobre 1996, pp. 106-7.

GUISSARD, Lucien, « André Malraux et le spirituel », pp. 205–15 in *"Journée André Malraux"*.

GUYARD, Marius-François, « Laurent Lemire, *Malraux. Antibiographie.* Paris, J.-C. Lattès, 1995 », *Revue d'histoire littéraire de la France*, vol. 96, n° 3, mai-juin 1996, pp. 526-7.

GUYARD, Marius-François, « Un Printemps allemand. Notes inédites d'André Malraux », *Commentaire*, n° 74, été 1996, pp. 453–6.

GUYARD, Marius-François,
« Malraux III », pp. 57-8, 60-1
(C. r. de André MALRAUX, *Œuvres complètes*, t. III [1996 *notice*].)
« Bibliographie », p. 67
in *"Malraux et sa légende"*.

GUYARD, Marius-François, « Une Prophétie apocryphe de Malraux »,
pp. 7–9 in *"André Malraux"*.

GUYARD, Marius-François, « André dans les "Antimémoires" de
Malraux », pp. 333–9 in *Miscellanea in onore di Liano Petroni :
Studi e ricerche sulle letterature in Lingua francese* (Bologna,
C.L.U.E.B., 1996. XLIII-451 p. [Coll. « Il Ventaglio : Miscellanee »]).

GUYARD, Marius-François,
« *Les Noyers de l'Altenburg*. Notice », pp. 1607–12
« Note sur le texte », pp. 1628–37
in André MALRAUX, *Œuvres complètes*, t. II (Paris, Gallimard, 1996.
LXIX-1825 p. [Coll. « Bibliothèque de la Pléiade »]).

GUYARD, Marius-François,
« Introduction », pp. IX–XXV
« *Le Miroir des limbes*. Notice », pp. 1119–40
« Note sur le texte », pp. 1143–63
« Notes et variantes », pp. 1164–291
« *Oraisons funèbres*. Notice », pp. 1292-3
in André MALRAUX, *Œuvres complètes*, t. III (Paris, Gallimard,
1996. LVIII-1428 p. [Coll. « Bibliothèque de la Pléiade »]).

GUYAUX, Jacques, « Il y a soixante ans, l'Espagne », *La Revue générale
belge*, vol. 131, n°s 6-7, juin-juillet 1996, pp. 91–5.

HA, Marie-Paule, « Reading the Colonial in Malraux's Asian Novels »,
Revue André Malraux Review, Vol. 26, no. 1-2, 1996-1997, pp. 27–
40.

HABSBOURG, Otto DE, « [Témoignage inédit] », p. 92 in *"Les Mille et un
visages de Malraux..."*.

HAEFFELE, Jean-Marie, « L'Aventurier panthéonisé », *L'Alsace*, n° 273/
11779, 21 novembre 1996, p. 3.

HALLER, Maria C., « À chacun son Malraux », *Luxemburger Wort. Die Warte*, n° 36/1790, 28 November 1996, p. [11].

HALLIER, Jean-Edern, « Sur Malraux au Panthéon », *Le Figaro*, n° 16248, 12 novembre 1996, p. 31.

HALLIER, Jean-Edern, « Les Deux seuls ministres de la culture », *Le Figaro*, n° 16249, 13 novembre 1996, p. 17.

HANIMANN, Joseph, « Das Kühne wollen und Stets das Klassische Schaffen : Sein letzer kampf : von der Pantheonisierung von André Malraux », *Frankfurter Allgemeine*, Nr. 269, 18. November 1996, p. 39.

HARRIS, Geoffrey T., « Malraux and the Psychology of the Artist », *French Cultural Studies*, Vol. 7, Part 1, no. 19, February 1996, pp. 77–94.
Voir : 1994 HARRIS.

HARRIS, Geoffrey T., « A. Malraux revival ? », *Modern and Contemporary France*, Vol. 4, no. 3, 1996, pp. 384–8.
C. r. de 1995 CATE, *André Malraux. A Biography.*
C. r. de 1995 RAYMOND, *André Malraux, Politics and the Temptation.*

HARRIS, Geoffrey T., « André Malraux, *La Condition humaine*. Dossier réalisé par Yves Ansel, *André Malraux, la Politique, la Culture.* Discours, articles, entretiens (1925–1975), présentés par Janine Mossuz-Lavau, *André Malraux, IX, Notre siècle au "Miroir des limbes"*, Jean-Claude Larrat, *Premières leçons sur les romans d'André Malraux*, François de Saint-Cheron, *André Malraux*, Paris, Ministère des affaires étrangères, Roger Stéphane, *André Malraux. Premier dans le siècle* », *Revue André Malraux Review*, Vol. 26, no. 1-2, 1996-1997, pp. 150–5.

• HARRIS, Geoffrey T.. *André Malraux. A Reassessment.* Houndmills, Basingstoke, Hampshire, Macmillan Press ; New York, St. Martin's Press, 1996. XVI-252 p.

HARTWEG, Jean, « De l'esthétique à la poétique : perspective sur quatre romans de Malraux », *L'Information littéraire*, n° 5, novembre-décembre 1996, pp. 19–29.

HAUBRUGE, Pascale, « Malraux, connais pas ! », *Le Soir* [MAD], n° 274, 20 novembre 1996, p. 37.

HEBEY, Pierre, « Clara Malraux, "Nos vingt ans" », *Elle*, n° 2655, 18 décembre 1996, p. 55.

HETHERINGTON, Kevin, « The Utopics of Social Ordering - Stonehenge as a Museum without Walls », *The Sociological Review Monograph*, 1996, pp. 153–76.

HINA, Horst, « Domnica Radulescu, André Malraux, the farfelu... », *Romanische Forschungen*, 108. Bd, Heft 1-2, 1996, pp. 313-4.

HOLLEAUX, André / MONFERRAN, Jean-Paul, « Dans le sillage des bâtisseurs de cathédrales », *L'Humanité*, n° 16260, 22 novembre 1996, pp. 15-6.

HOLLIER, Denis, « Desperanto », *New German Critique*, no. 67, Winter 1996, pp. 19–31.

HOLMAN, Valérie, « Malraux (Georges-) André », p. 208 in *The Dictionary of Art*. Vol. 20 : MÄCHTIG to MEDAL (Edited by Jane TURNER. New York, Grove, 1996. XIII-930 p.).

• *Hommage solennel de la nation à André Malraux. Archives du Quai d'Orsay. André Malraux « en ambassade »*. Paris, Ministère des Affaires étrangères, 1996. 52 p.   [*Non vérifié.*]

HOUBERT, Olivier, « La Littérature et l'exigence spirituelle : André Malraux, François Augiéras », pp. 11–5 in *Augiéras : une tragédie rimbaldienne* (Sous la direction de Paul PLACET *et* Pascal SIGODA. Charleville-Mézières, Au signe de la Licorne, 1996. 115 p.).
> L'article est suivi d'un extrait de *Le Démon de l'absolu*, sous le titre « Admirations de Malraux et d'Augiéras : Rimbaud, Lawrence », pp. 16-7.
> Voir : 1990 HOUBERT.

HOUCHARD, Béatrice *et* André MEURY, « Malraux. La vie au galop », *La Vie*, n° 2673, 21–27 novembre 1996, pp. 54–60.

HOWLETT, Sylvie, « Les Romans de Malraux », pp. 77–158 in *Le Drame romantique...* (bac 97, français 1res ES, S par Michel DOBRANSKY. Paris, Vuibert, 1996. 169 p. [Coll. « Vuibert studio »]).
> Texte repris pp. 171–252 in *Les "Fables" de la Fontaine...* (bac 97, français 1res L par Christian BIET. Paris, Vuibert, 1996. [Coll. « Vuibert studio »]).

HSIEH, Yvonne Y[ing]. *From Occupation to Revolution: China Through the Eyes of Loti, Claudel, Segalen, and Malraux (1895–1933)*. Birmingham, Alabama, Summa Publications, 1996. 202 p.
> Pp. 99–143 : «The World Watches: *La Tentation de l'Occident*, *Les Conquérants*, and *La Condition humaine*».

HUARD, Daniel
> « "Prenez place, André Malraux, dans le Panthéon" »
> « Réactions : ce qu'ils en disent »
> *La Voix du Nord*, n° 16311, 24-25 novembre 1996, p. 18

HUE, Robert, « Souffle, style, hauteur de vue », *L'Humanité*, n° 16262, 25 novembre 1996, p. 4.

HULEAU, Maurice, « La Croisée de la culture », *Nice-Matin*, n° 17796, 22 novembre 1996, p. 30.

HULEAU, Maurice, « La Nostalgie de la grandeur », *Nice-Matin*, n° 17798, 24 novembre 1996, pp. 1 et 28.

HULTEN, Pontus / WIDEMANN Dominique, « Du "Musée imaginaire" au musée réel », *L'Humanité*, n° 16260, 22 novembre 1996, p. 18.

IKOR, Roger, « [Témoignage inédit] », pp. 93-4 in *"Les Mille et un visages de Malraux..."*.

• *L'INA célèbre : André Malraux pour mémoire*. Bry-sur-Marne, INA (Institut National de l'Audiovisuel), 1996. 28 p. (Coll. « La mémoire du futur »)

ITTI, Éliane. *La Littérature du moi en 50 ouvrages (autobiographies, mémoires, journaux intimes, récits autobiographiques)*. Paris, Ellipses, 1996. 222 p. (Coll. « 50/50 »)
> Pp. 170–2 : «*Antimémoires*. André Malraux : 1967 ».

ITTI, Éliane *et* Alexandre TOMADAKIS. *Les Sujets Nathan. Bac 97*. Paris, Nathan, 1996. 223 p.
> Pp. 186–209 : « Un roman de Malraux ».

• JĀMĀN, Āraśād-Uj. *Pāścetyera pralobhana. Āndre Mālaro. Āraśāda–Uja Jāmāna anūdita*. Dhākā, lunibhārsiti Presa Limiteda, 1996. 96 p.   *[Non vérifié.]*
> Sur l'intervention de Malraux au Bangladesh.

JAMET, Dominique, « Malraux, un héros si précaire », *L'Événement du jeudi*, n° 619, 12–18 septembre 1996, pp. 72–5.

JANNOUD, Claude, « André Malraux. L'homme et la légende philosophe », *Sud-Ouest*, 22 septembre 1996, p. 32.
> C.r. de 1996 LYOTARD, *Signé Malraux.*

JASMIN, Claude, « Assis à la droite de Malraux », *Le Devoir*, vol. 86, n° 258, 4 novembre 1996, p. A9.

JAUFFRET, Magali, « Malraux par Depardon », *L'Humanité*, n° 16261, 23 novembre 1996, p. 18.

J.-C. L.   Voir [LARRAT]

J.D.   Voir [DANIEL]

J.D.D.   Voir [DE DECKER]

JENGER, Jean, « La Création architecturale », pp. 111–3 in *André Malraux ministre...*

J.M.   Voir [MALLIEN]

• *"Journée André Malraux", Bulletin de l'Académie Royale de Langue et Littérature Françaises*, t. 74, n°s 3-4, 1996.
> Voir : CATE, GUISSARD, LACOUTURE, MERTENS, ORY, ROBERTS-JONES.

J.-P. M., « À André Malraux, la patrie reconnaissante », *La Marseillaise*, n° 15574, 23 novembre 1996, p. 8.

J.-P. M.   Voir [MONFERRAN]

JUILLIARD-BEAUDAN, Colette, « Une Voie royale pour un conquérant », *L'École des lettres* (II), n° 3, 15 octobre 1996, pp. 1–8.

JUILLIARD-BEAUDAN, Colette, « Moatti, Christiane, éd. *Notre siècle "au miroir des limbes"*. Série André Malraux, 9, La Revue des lettres modernes. Paris, Lettres Modernes, 1995, 253 p. », *The French Review*, Vol. 70, no. 2, December 1996, pp. 338-9.

JULAN, Sébastien, « Malraux dans la légende », *La Gruyère*, n° 135, 21 novembre 1996, p. 24.

JULLIARD, Claire, « Saint André des arts », *Télé Obs*, n° 168, 16–22 novembre 1996, p. 4.

JULY, Serge, « La Dernière dyablerie de Malraux », *Libération*, n° 4826, 25 novembre 1996, p. 5.

KADDOUR, Hedi, « La Prunelle et l'écriture. Étude sur les chats, de *La Condition humaine* aux *Antimémoires* », *Littérature*, n° 104, décembre 1996, pp. 47–56.

KAITAVUORI, Kaija, « Mielikuvitusmuseo ja kahden projektion taidehistoria », *Taide*, vol. 36, n° 4, 1996, pp. 22–5.
  Sur le Musée Imaginaire de Malraux.

KAPLAN, Alice *et* Philippe ROUSSIN, « A Changing Idea of Literature: the Bibliothèque de la Pléiade », *Yale French Studies*, no. 89, 1996, pp. 237–62.

KATTAN, Naïm, « Un Repas chez Lasserre », *Le Devoir* [Cahier D Livres], vol. 86, n° 274, 23-24 novembre 1996, p. D3.
  Extraits d'un entretien de Naïm Kattan avec Malraux.
  Cette interview avait été précédemment publiée dans la revue *Perspectives*, vol. 17, n° 27, juillet 1975, pp. 18–21.
  Voir : 1994 KATTAN.

KAUFFER, Rémi, « Malraux : *Œuvres complètes*, t. II », *Historia*, n° 594, juillet 1996, p. 100.

KAUFFER, Rémi, « Malraux. Misogyne à femmes », *France-Soir*, n° 16264, 20 novembre 1996, p. 20.

KAUFFER, Rémi, « De Gaulle et Malraux sabordent le "Parti de la Résistance" », *Historia*, n° 599, novembre 1996, pp. 22–7.

KAY, Jean, « Malraux : "Jean Kay a sauvé six cent mille vies" », *Le Figaro* [*Magazine*], n° 840, 30 novembre 1996, pp. 62-3.

KERCHOUCHE, Dalila, « "Aujourd'hui, jeunesse..." », *L'Express*, n° 2367, 14–20 novembre 1996, p. 122.

KHÉMIRI, Moncef, « Jean-Pierre Zarader, *Malraux ou la pensée de l'art*, Paris, Éd. Vinci, 1996 », *Revue André Malraux Review*, Vol. 26, no. 1-2, 1996-1997, pp. 156–8.

KLECKER, Nic, « Si Malraux était là », *d'Letzeburger Land*, vol. 43, n° 48, 1996, p. 16.

KNAPP, Bettina L., « Moatti, Christiane : *L'Espoir, Malraux* », *Dalhousie French Studies*, Vol. 37, Winter 1996, pp. 164-5.

KOURY-GHATA, Venus, « André Brincourt : *Secrètes araignées* », *Europe*, nº 810, octobre 1996, p. 235.

L.Ru., « Les Combats d'un homme », *Dernières Nouvelles d'Alsace*, nº 274, 23 novembre 1996, p. 2.

[LACHAUD, Georgette] / RICHARD, Dominique, « Georgette se souvient », *Sud-Ouest*, 24 novembre 1996, p. 7.
Sur Malraux et ses actions durant la Résistance.

LACOUTURE, Jean,
« *Œuvres complètes* de Malraux », pp. 56-7
« "Le Démon de l'absolu" enfin publié. Malraux dans le miroir de T. E. Lawrence », pp. 96-7
Le Nouvel Observateur, nº 1635, 7–14 mars 1996.

LACOUTURE, Jean / AUDÉTAT, Michel, « Malraux n'a pas pris de l'âge, mais de la distance », *L'Hebdo*, nº 42, 17 octobre 1996, pp. 87-8.

LACOUTURE, Jean / PAYET, Marie-Ange, « André Malraux : tentative de portrait-robot : les mains outils de l'écrivain et de son image », *Figaroscope*, nº 16231, 23 octobre 1996, p. 9.

LACOUTURE, Jean, « Une Vie bâtie comme une œuvre », propos recueillis par Régine MAGNÉ, *Sud-Ouest*, 21 novembre 1996, p. 26.

LACOUTURE, Jean / MONFERRAN, Jean-Paul, « Le Refus de la pesanteur obligée », *L'Humanité*, nº 16260, 22 novembre 1996, p. 16.

LACOUTURE, Jean, « André Malraux, un intellectuel dans la guerre d'Espagne », *Historia*, nº 600, décembre 1996, pp. 86–90.

LACOUTURE, Jean, « L'Épopée Malraux », pp. 10–21 in *"L'Épopée Malraux"*.

LACOUTURE, Jean, « Malraux et l'aventure indochinoise », pp. 199–204 in *"Journée André Malraux"*.

LACOUTURE, Jean, « Révolutionnaire avant tout, communiste un temps, marxiste jamais », p. 2 in *"Malraux dans le siècle"*.
Déjà paru dans *Le Monde*, nº 9902, 25 novembre 1976, pp. 1 et 13.

LACOUTURE, Jean, « [Témoignage inédit] », p. 94 in *"Les Mille et un visages de Malraux..."*.

LACOUTURE, Jean, « Le Champion de l'antifascisme », pp. 34–42 in *"Le Retour de Malraux"*.

• LACOUTURE, Jean. *Malraux. Une vie dans le siècle : 1901–1976.* Paris, Seuil, 1996. 446 p. (Coll. « Points »)
   Première édition : *André Malraux. Une vie dans le siècle.* Paris, Seuil, 1973. 426 p.
   Voir : 2001 LACOUTURE.

LAFFON, Francis, « Malraux et nous », *L'Alsace*, n° 275/11781, 23 novembre 1996, p. 1.

LAFONT, Jean-Marie, « Le Sourire de l'ange de Reims et le bouddha apollinien » (trad. par Rehana LAFONT), pp. 21–39 in *Malraux et l'Inde : itinéraire d'un émerveillement*.

LA MESLÉE, Valérie Marin, « L'Automne Malraux », pp. 62–5 in *"Malraux et sa légende"*.

LAMOTTE, Gérard,
   « Vingt ans après sa mort : Malraux entre aujourd'hui au Panthéon »
   « Le Temps des "Conquérants" est passé »
   La Dépêche du Midi, n° 17585, 23 novembre 1996, p. 3.

LANÇON, Philippe, « La Condition inhumaine », *Libération*, n° 4825, 23-24 novembre 1996, p. 40.

LANDAIS, Hubert, « La Direction des Musées de France de 1939 à 1989 », pp. 201–13 in *André Malraux ministre...*

LANDOWSKI, Marcel, « La Création d'une politique musicale en France », pp. 115–21 in *André Malraux ministre...*

LANFRANCHI, Fabrice, « L'Irréel », *L'Humanité*, n° 16262, 25 novembre 1996, p. 26.

LANG, Jack, « Malraux, au cœur de l'actualité », *Dernières Nouvelles d'Alsace* [Édition Strasbourg], n° 265, 13 novembre 1996, p. 2.

LANG, Jack / COURAUD, Raymond, « "Malraux est un tout" », *L'Alsace*, n° 276/11782, 24 novembre 1996, p. 4.

• LANG, Jack. *Lettre à Malraux.* Paris, Hachette, 1996. 186 p. (Coll. « Édition° 1 »)

LANGLOIS, Bertrand, « Le Vécu et le rêve », *Politis*, n° 420, 28 novembre 1996, pp. 2-3.

LANGLOIS, Walter, « Le Jeune Malraux et l'esthétique du farfelu », *Revue André Malraux Review*, Vol. 26, no. 1-2, 1996-1997, pp. 8–26.

LANTELME, Michel, « Malraux Curiosities: Malraux en Dyable », *Bulletin André Malraux Newsletter*, Vol. 2, no. 1, Fall/Automne 1996, pp. 4–6.

● LANTELME, Michael Charles. *Les Mains de Malraux*. Ph.D, sous la direction de Philippe Bonnefis, Emory University, 1996. 302 f.
  Voir : 1997 LANTELME.

LANTONNET, Évelyne, « "L'Espoir" de Malraux, par Christiane Moatti, Hatier, "Profil d'une œuvre", 1996 », *L'École des lettres* (II), n° 4, 1er novembre 1996, p. 26.

● LANTONNET, Évelyne. *Étude sur Malraux et le roman*. Paris, Ellipses, 1996. 96 p. (Coll. « Résonances », série « Génériques »)

LAPLAYNE, Jean-René, « Un Homme de légende », *Le Provençal*, n° 18742, 23 novembre 1996, p. 1.

LARÈS, Maurice,
  « *Le Démon de l'absolu*. Notice », pp. 1666–80
  « Note sur le texte », pp. 1689–94
  in André MALRAUX, *Œuvres complètes*, t. II (Paris, Gallimard, 1996. LXIX-1825 p. [Coll. « Bibliothèque de la Pléiade »]).

LARRAT, Jean-Claude, « "La Condition humaine" et la question du roman d'aventure. À propos d'une lettre de Lafcadio à M. André Gide, "aventurier passif" », pp. 35–52 in "*André Malraux*".

LARRAT, Jean-Claude,
  « Malraux séducteur : discours poétique et métamorphose », pp. 41–52
  « Jean-François Lyotard, *Signé Malraux*, Paris, Grasset, 1996 », pp. 158–62
  Revue André Malraux Review, Vol. 26, no. 1-2, 1996-1997.

LARRAT, Jean-Claude,
   « *Le Règne du Malin*. Notice », pp. 1303–37
   « Note sur le texte », pp. 1338–41
   in André MALRAUX, *Œuvres complètes*, t. III (Paris, Gallimard, 1996. LVIII-1428 p. [Coll. « Bibliothèque de la Pléiade »]).

• LARRAT, Jean-Claude. *L'Espoir. Malraux*. Paris, Nathan, 1996. 128 p. (Coll. « Balises »)

• LARRAT, Jean-Claude. *Malraux théoricien de la littérature (1920–1951)*. Paris, Presses Universitaires de France, 1996. 335 p. (Coll. « Écrivains »)

• LARRAT, Jean-Claude. *Premières leçons sur les romans d'André Malraux*. Paris, Presses Universitaires de France, 1996. 123 p. (Coll. « Major Bac »)

LAUSHWAY, Ester, « Laying a Great Ghost to Rest », *Europe* [États-Unis], no. 361, November 1996, p. 25.

LEBIHAN, Adrien. *Le Général et son double. De Gaulle écrivain*. Paris, Flammarion, 1996. 282 p. (Coll. « Essais »)
   Pp. 247–55 : « Malraux André ».

LEBOVICS, Herman, « Crisis of Culture, Crisis of State: André Malraux Ministers to French Culture, 1959–1969 », pp. 223–41 in *The Geography of Identity* (Edited and introduction by Patricia YAEGER. Ann Arbor, Michigan, University Michigan Press, 1996. x-481 p.).

LEBRUN-CORDIER, Pascal, « Une Pensée magique de la culture », *Le Monde*, n° 16120, 23 novembre 1996, p. 17.

LECLAIR, Bernard, « Jean-François Lyotard, *Signé Malraux* », *Les Inrockuptibles*, n° 79, 13 novembre 1996, p. 51.

LECOMTE, Nelly, « Une des deux fidélités de Malraux. Conférence de Philippe-Michaël de Saint-Cheron à la Synagogue de Luxembourg », *Luxemburger Wort*, n° 272, 26 november 1996, p. 7.

LEFOL, Sébastien, « Pierre de Boisdeffre : "Je suis sceptique" », *Le Figaro*, n° 16258, 23-24 novembre 1996, p. 6.

LEFRANC, Pierre, « [Témoignage inédit] », pp. 94-5 in *"Les Mille et un visages de Malraux..."*.

● Le Gall, Danielle. *Les Romans d'André Malraux. Textes commentés.* Paris, Presses Universitaires de France. 113 p. (Coll. « Major Bac »)

Le Guillou, Philippe, « Le Verbe et le roi », pp. 38–49 in *"Les Mille et un visages de Malraux..."*.

● Le Guillou, Philippe. *L'Inventeur de royaume. Pour célébrer Malraux.* Paris, Gallimard, 1996. 177 p. (Coll. « NRF »)

Lemire, Laurent, « Malraux, la métaphore du chat », *La Croix*, n° 34544, 20-21 octobre 1996, p. 9.

Lemoine, Patrick, « La Ve République a fait neuf "grands hommes" », *La Croix*, n° 34571, 23 novembre 1996, p. III.

Leonardini, Jean-Pierre, « Malraux : toute une vie d'action, d'aventure, de livres et de méditations », *L'Humanité*, n° 16260, 22 novembre 1996, pp. 11, 12, 13, 14, 15, 16, 17, 18.

Lepape, Danièle, « Malraux au Chapeau Rouge : "Les Zozos de Quimper" », *Le Télégramme de Brest et de l'Ouest*, n° 16001, 21 novembre 1996, p. 2.

Lepape, Pierre, « La Fiction contre le roman », *Le Monde [des livres]*, n° 15916, 29 mars 1996, p. II.
   C. r. de André Malraux, *Œuvres complètes*, t. II (1996 *notice*).

Lepape, Pierre, « Des Graffitis sur la statue », p. IV in *Le Monde [des livres]*.
   C. r. de André Malraux, *Œuvres complètes*, t. III (1996 *notice*).

Lepine, Christopher, « Amiens : l'inoubliable inauguration », *La Voix du Nord*, n° 16311, 24-25 novembre 1996, p. 18.

Leroy, Hervé, « L'Aventure de la fraternité », *La Voix du Nord*, n° 16311, 24-25 novembre 1996, p. 18.
   C. r. de 1996 Cool, *André Malraux, l'aventure de la fraternité*.

Leroy, Roland, « Un Itinéraire singulier et démesuré », *L'Humanité*, n° 16260, 22 novembre 1996, p. 14.

LESCURE, Jean, « André Malraux à l'aube du troisième millénaire », *Bulletin Folio et Découvertes Gallimard*, n° 14, septembre-octobre-novembre 1996, p. 8.

LESOURNE, Jacques (*ed.*). *Références pour un ingénieur humaniste*. Paris, Le Cherche-Midi ; Nancy, École des mines, 1996. 243 p.
    P. 51 : « André Malraux. Romancier : *Les Voix du silence* ».

• LETER, Michel. *Le Transfert Malraux ou les voix du silence de l'intelligentsia française*. Le Perreux, Presses du Centre de Recherches Heuristiques [c/o L'Invendu, 2 allée Marigny, 94170], 1996. 16 p.
    Ce texte est consultable dans son intégralité sur Internet à l'adresse suivante : http://aboutleter.chez.tiscali.fr.

LÉVY, Bernard-Henri, « Une Aventure exemplaire, donc inimitable », p. VIII in *Le Monde* [*des livres*].

LÉVY, Bernard-Henri, « Un Inédit d'André Malraux », *Le Point*, n° 1223, 24–30 février 1996, p. XVIII.
    C. r. de André MALRAUX, *Le Démon de l'absolu* (1996 *notice*).

LÉVY, Bernard-Henri, « Quel Malraux au Panthéon ? », pp. 104–6 in *"Le Sacre de Malraux"*.

LÉVY, Bernard-Henri / VAVASSEUR, Pierre, « "Il ne peut pas avoir d'héritiers" », *Le Parisien*, n° 16242, 23-24 novembre 1996, p. 31.

LÉVY-WILLARD, Annette, « Il sait se mettre en scène », *Libération*, n° 4825, 23 et 24 novembre 1996, p. 5.

LIEDEKERKE, Arnould DE, « Lawrence selon Malraux », *Le Figaro* [*Magazine*], cahier n° 3, n° 16079, 27 avril 1996, p. 100.
    C. r. de André MALRAUX, *Le Démon de l'absolu* (1996 *notice*).

LINDENBERG, Daniel, « Jean-François Lyotard : *Signé Malraux*, Grasset ; "Malraux et sa légende" » : *Le Magazine littéraire*, octobre 1996 », *Esprit*, n° 227, décembre 1996, pp. 208–10.

LINDON, Mathieu, « Malraux d'Arabie », *Libération*, n° 4590, 22 février 1996, pp. I–III.

LINDON, Mathieu, « Un Tintin reporter métaphysique », *Libération*, n° 4825, 23-24 novembre 1996, p. 6.

• *Littératures contemporaines* Voir *"André Malraux"*.

LLOUQUET, Catherine *et* Christine DUCROS, « Malraux en terre gaulliste », *France-Soir*, n° 16267, 23 novembre 1996, p. 5.

LOCHON, Christian, « Malraux au Yémen », *Bulletin de l'Association des Professeurs de Lettres*, n° 78, juin 1996, pp. 13–7.

LOGEART, Agathe, « L'Œil des chats », *Le Monde*, n° 16123, 26 novembre 1996, p. 31.

LOMPECH, Alain, « La Leçon de musique d'André Malraux », *Le Monde*, n° 16120, 23 novembre 1996, p. 30.

LOUŸS, Gilles,
    « Préface », pp. I–III
    « "Le Siam est loin". Remarques sur la présence du Siam dans *La Voie royale* et sa suite inachevée », pp. 1–7
    in *André Malraux en Thaïlande*.

LOVEEMONGKOL, Rien,
    « André Malraux et le roman d'aventure », pp. 78–89
    « Traduction de l'article de Christiane Moatti intitulé "La représentation de la maladie dans l'univers de Malraux" », pp. 134–59
    (Article paru in 1991 *André Malraux 8 : "L'Imaginaire de l'écriture"*, pp. 141–62.)
    in *André Malraux en Thaïlande*.

LYOTARD, Jean-François, « Le Monstre a occupé mes décembres (D'une biographie de Malraux) », *Critique*, n°s 591-592, août-septembre 1996, pp. 628–45.
    Extrait d'un exposé fait à la bibliothèque de Bordeaux en juin 1985.

LYOTARD, Jean-François, « André Malraux : tentative de portrait-robot : la bouche et la gourmandise », propos recueillis par Marie-Ange PAYET, *Figaroscope*, n° 16231, 23–29 octobre 1996, p. 9.

LYOTARD, Jean-François, « Le Sens d'une vie », *Dunkerque Magazine*, n° 58, octobre 1996, p. 14.

LYOTARD, Jean-François / SPIRE, Arnaud, « Malraux était avant tout lui-même », *L'Humanité*, n° 16260, 22 novembre 1996, pp. 12-3.

LYOTARD, Jean-François / A.L.W., « Entre apparence et absence », *Libération*, n° 4825, 23-24 novembre 1996, p. 5.

LYOTARD, Jean-François / FARDEAU, Patrice, « Comprendre la tragédie humaine », *Regards*, n° 18, novembre 1996, pp. 54-5.

LYOTARD, Jean-François / PIGUET, Philippe, « Malraux pour la gloire », *L'Œil*, n° 483, novembre-décembre 1996, pp. 40-1.

LYOTARD, Jean-François, « Being Done with Narrative by Cubism and André Malraux » (trad. Hinds LEONARD), pp. 79–88 in *Centuries's Ends, Narrative Means* (Edited by Robert NEWMAN. Stanford, Stanford University Press, 1996. 154 p.).

LYOTARD, Jean-François, « Clara et André », pp. 24–6 in *"L'Épopée Malraux"*.

LYOTARD, Jean-François / BONNEFIS, Philippe, « La Vie de Malraux doit être lue comme un recueil de légende », pp. 26–8, 30 in *"Malraux et sa légende"*.

• LYOTARD, Jean-François. *Signé Malraux*. Paris, B. Grasset, 1996. 361 p.
    Voir : 1998 LYOTARD.

MACÉ-SCARON, Joseph, « Ce terrible cortège », pp. 11–4 in *"Les Mille et un visages de Malraux..."*.

MACHABÉÏS, Jacqueline,
    « L'Olympe de Malraux », pp. 77–91
    « Bibliographie des œuvres d'André Malraux », pp. 93–9
    in *"André Malraux"*.

MACHABÉÏS, Jacqueline, « Jean-Claude Larrat, *Malraux, théoricien de la littérature*, Paris, PUF, "Écrivains", 1996 », *Revue André Malraux Review*, Vol. 26, no. 1-2, 1996-1997, pp. 163–6.

MACINTYRE, Ben, « Malraux to join Pantheon heroes », *The Times*, August 10, 1996, p. 14.

MACINTYRE, Ben, « Paris gives its highest honour to Malraux », *The Times*, November 22, 1996, p. 15.

MADANAGOBALANE, K. *et* R. KICHENAMOURTY, « Malraux et le destin », pp. 156-7 in *Malraux et l'Inde : itinéraire d'un émerveillement*.

● *Le Magazine littéraire*   Voir *"Malraux et sa légende"*.

MALLIEN, Jérôme,
   « Le Verbe et son absence »
   « André Malraux entre au Panthéon »
   Dernières Nouvelles d'Alsace, n° 274, 23 novembre 1996, p. 2.

● *"Malraux dans le siècle", Le Monde [Dossiers & documents littéraires]*
   (Dossier réalisé par Henri RACZYMOV ; coordonné par Martine
   SILBER), n° 13, octobre 1996.
      Voir : BOTT, DEBRAY, GARY, LACOUTURE, POIROT-DELPECH, SILBERT,
      VIANSSON–PONTÉ.

● *Malraux et l'Inde, itinéraire d'un émerveillement / Malraux and India,*
   A passage to Wonderment. New Delhi, Ambassade de France en
   Inde, 1996. 160 p.
      Voir : BEIGBEDER, DIXIT, LAFONT, MADANAGOBALANE, MOOKHRJEE,
      OSTROROG, PADGAONKAR, RAO, SARFATY-VARMA.

● *"Malraux et sa légende", Le Magazine littéraire,* n° 347, octobre 1996.
      Voir : BAYLE, BONNEFIS, BRINCOURT, CORTANZE, DROT, FREUND,
      GUYARD, LA MESLÉE, LYOTARD, MOINOT, RAVACHE, ROUDAUT, SANCHEZ,
      SEMPRUN, TRÉCOURT, YANA.

MALRAUX, Alain / DUPONT, Pepita, « [sans titre] », *Paris-Match,* n° 2479,
   28 novembre 1996, p. 62.

● MALRAUX, Alain. *Les Marronniers de Boulogne. Malraux, père*
   introuvable. Paris, Bartillat, 1996. 366 p.
      Première édition : *Les Marronniers de Boulogne. Malraux, "mon père".*
      Paris, Éditions Ramsay/de Cortanze, 1989.

● MALRAUX, Clara. *Nos vingt ans.* Paris, B. Grasset, 1996. 197 p. (Coll.
   « Les Cahiers rouges »)
      Édition antérieure : Paris, B. Grasset, 1966.

MANCIER, Jacques, « Malraux et le royaume de Sedang », *Le Figaro,*
   n° 16254, 19 novembre 1996, p. 22.

MARCABRU, Pierre, « Malraux en son miroir », *Le Point,* n° 1230, 13–20
   avril 1996, pp. 102-3.
      C. r. de André MALRAUX, *Œuvres complètes,* t. II (1996 *notice*).

MARCHI, Giovanni, « Vent'anni della morte d'André Malraux »,
   Osservatore Romano, vol. 136, n° 293, 21 dicembre 1996, p. 3.

MARCQ, Michel, « Malraux au Panthéon », *La Voix du Nord*, n° 16310, 23 novembre 1996, p. 16.

MARCQ, Michel, « "L'anti-destin" », *La Voix du Nord*, n° 16311, 24-25 novembre 1996, p. 18.

• MARION, Denis. *Le Cinéma selon André Malraux : textes et propos d'André Malraux, points de vue critiques et témoignages*. Paris, Cahiers du cinéma, 1996. 175 p. (Coll. « Petite bibliothèque des Cahiers du cinéma »)
    Réédition de *André Malraux*. Paris, Seghers, 1re éd. : 1970 (Coll. « Cinéma d'aujourd'hui »).

MARTIN, Suzanne, « Maison de la culture André Malraux ? », *Le Devoir*, vol. 86, n° 265, 12 novembre 1996, p. A6.

MARTINAT, Patrick, « Après l'ère Malraux, les Maisons de la culture ont perdu leur dynamisme », *Le Monde*, n° 16117, 20 novembre 1996, p. 13.

MATIGNON, Renaud,
    « Malraux ne fume plus », p. 2
    « André Malraux : Jules Verne chez Tchang Kaï-Chek », p. 5
    in *Le Figaro* [*littéraire*].

MEISTER, Martina VON, « Einer, den alle beanspruchen. Frankreich hat André Malraux in das Pantheon gebettet », *Frankfurter Rundschau*, Jahr. 52. Nr. 275/48, 25. November 1996, p. 8.

MELIES, Paul,
    « Malraux : laissons les morts enterrer les morts », p. 8
    « Chirac, homme du monde. Pourquoi le Panthéon, maintenant ? », p. 9
    National hebdo, n° 640, 24–30 octobre 1996.

MERCIER, Christophe, « Chronique de la Pléiade : Malraux, un naufrage conscient ? », *Commentaire*, n° 74, été 1996, pp. 503–6.
    C. r. de André MALRAUX, *Œuvres complètes*, t. II (1996 *notice*).

• MERCOYROL, Yannick *et* Richard ROBERT. *Premières leçons sur La Condition humaine d'André Malraux*. Paris, Presses Universitaires de France, 1996. IV-116 p. (Coll. « Major Bac »)

MERTENS, Pierre, « Pour recommencer avec André Malraux. Du geste à la parole », pp. 255–78 in *"Journée André Malraux"*.
Voir : 1997 MERTENS.

MERTENS, Pierre, « Une Biographie visionnaire par J.-F. Lyotard », *Le Soir* [MAD], n° 274, 20 novembre 1996, p. 37.
C. r. de 1996 LYOTARD, *Signé Malraux*.

MESKENS, Joelle, « André Malraux rejoint Jean Moulin au Panthéon », *Le Soir*, n° 278, 25 novembre 1996, p. 1 et 8.

MESNARD, André-Hubert, « Le Lancement de la déconcentration », pp. 187–9 in *André Malraux ministre...*

MESSMER, Pierre, « [Témoignage inédit] », p. 96 in *"Les Mille et un visages de Malraux..."*.

MEURY, André, « Malraux ? Pourquoi pas... », *Politis*, n° 419, 21 novembre 1996, pp. 16-7.

M.-F. G. Voir [GUYARD]

MIHAILEANU, Ion / MALRAUX, André, « L'Utopie terroriste », *Le Monde* [*Dossiers & documents littéraires*], n° 13, octobre 1996, p. 2.
Déjà paru sous le titre « Notre seule unité, c'est l'interrogation », *Le Monde* [*sans visa*], n° 12887, 5 juillet 1986, pp. 18-9.

● *"Les Mille et un visages de Malraux. Témoignages inédits"*, *Revue des Deux Mondes*, n° 2486, novembre 1996.
Voir : BEAUVOIR, BOCKEL, BRANCA, BRAYER, CALVINO, CARRÉ, CATE, CHAGALL, DANIEL, DOMENACH, EMERY, EMMANUEL, FRISON-ROCHE, GAYMARD, GERMAIN-THOMAS, GRÉGOIRE, HABSBOURG, IKOR, LECOMTE, LEFRANC, LE GUILLOU, MACÉ-SCARON, MESSMER, MIRIBEL, MOINOT, NOTHOMB, ORMESSON, PALEWSKI, POIRIER, RAUCHE-LEPAGE, ROUAULT, SENGHOR, TRÉMOIS, VAN DER KEMP, WEILLER, YOURCENAR, ZAVRIEW.

MIRIBEL, Élisabeth DE, « [Témoignage inédit] », pp. 97-8 in *"Les Mille et un visages de Malraux..."*.

MITCHEL, Constantina Thalia *and* Paul Raymond CÔTÉ. *Shaping the Novel. Textual Interplay in the Fiction of Malraux, Hébert, and Modiano*. Oxford, Berghahn Books, 1996. XII-224 p.
Pp. 3–94 : « Colloquium As Text / Text As Colloquium : André Malraux's "Les Noyers de l'Altenburg" ».

MITTERRAND, François. *Mémoires interrompus : entretiens avec Georges-Marc Benamou*. Paris, Odile Jacob, 1996. 246 p.
Pp. 162–6.

M.L.   Voir [LARÈS]

MOATTI, Christiane, « André Malraux : tentative de portrait-robot : les yeux et l'expression des sentiments », propos recueillis par Marie-Ange PAYET, *Figaroscope*, n° 16231, 23 octobre 1996, p. 9.

MOATTI, Christiane, « La Mise en scène du combat dans *La Condition humaine* », pp. 9–27 in *Actes du colloque "André Malraux"*.

MOATTI, Christiane, « André Malraux : influence du musée imaginaire sur la conquête d'un style », pp. 53–76 in *"André Malraux"*.
Voir : 1997 MOATTI.

MOATTI, Christiane,
« Ouverture et clôture d'un roman engagé », pp. 8–31
(Déjà paru dans *Typologie du roman*, Actes du colloque organisé par l'Université de la Sorbonne Nouvelle Paris III ; en collaboration avec l'Université de Wroclaw, à Paris les 24–26 janvier 1983. Wroclaw, Uniwersytet Wroclawski, 1984. (Coll. « Acta universitatis Wratislaviensis », série « Romanica Wratislaviensia »), pp. 111–26.)
« Éléments de bibliographie pour l'étude de *La Condition humaine* », pp. 164–8
in *André Malraux en Thaïlande*.

MOATTI, Christiane, « Malraux écrivain à sa table », pp. 55–72 in *"Le Retour de Malraux"*.

• MOATTI, Christiane. *L'Espoir*. Paris, Hatier, 1996. 127 p. (Coll. « Profil d'une œuvre »)

MOINET, Jean-Philippe, « La France à l'heure de Malraux », *Le Figaro*, n° 16254, 19 novembre 1996, p. 28.

MOINOT, Pierre, « La Difficulté du trentenaire : entre histoire et mémoire », pp. 11–7 in *André Malraux ministre...*

MOINOT, Pierre, « A. M. au jour le jour », pp. 42–4 in *"Malraux et sa légende"*.
Déjà paru *La Nouvelle revue française*, n° 295, juillet 1977, pp. 53–77.

MOINOT, Pierre, « [Témoignage inédit] », pp. 98-9 in *"Les Mille et un visages de Malraux..."*.

• *Le Monde* [*des livres*], numéro spécial : *"Malraux, la jeunesse du siècle"*, n° 16119, 22 novembre 1996.
Voir : CATINCHI, DAGEN, DROIT, GODARD, LEPAPE, LÉVY, MONTALBÁN, POIROT-DELPECH, RENAUD, SAVIGNEAU, TAKEMOTO.

MONDOLONI, Dominique, « À travers vies... Clara : Malraux Angkor et toujours... », *Nice-Matin*, n° 17812, 8 décembre 1996, p. 21.
C. r. de 1996 Clara MALRAUX, *Nos vingt ans*.

[MONFERRAN, Jean-Paul] J.-P.M., « À André Malraux, la patrie reconnaissante », *L'Humanité*, n° 16261, 23 novembre 1996, p. 3.

MONTALBÁN, Manuel Vásquez, « De la langue des dieux au gaullisme », p. VI in *Le Monde* [*des livres*].

MONTVALON, Dominique DE, « Le Discours de Jacques Chirac », *Le Parisien*, n° 16242, 23-24 novembre 1996, p. 31.

MOOKHRJEE, Girija, « Malraux et la vision hindoue », pp. 91–5 in *Malraux et l'Inde : itinéraire d'un émerveillement.*
Déjà paru sous le titre « Dans les jardins nocturnes des grands rêves de l'Inde », pp. 146–56 dans *Être et dire* (Textes réunis par Martine DE COURCEL. Paris, Plon, 1976).

MOPIN, Michel. *Littérature et politique. Deux siècles de vie politique à travers les œuvres littéraires.* Préface de Robert BADINTER. Paris, La Documentation française, 1996. XIV-341 p. (Coll. « Société »)
Pp. 217-8 : « André Malraux. *Antimémoires* ».

MORAES, Marcelo Jacques DE, « André Malraux : A Metamorfose da Arte Na História », *Terceira Margem*, n° 3, 1996, pp. 187–92.

MOREAU, Pierre, « Courrier des lecteurs : Malraux. "Les Conquérants", "La Voie royale", "La Condition humaine", par ordre chronologique », *Sud-Ouest*, 14 décembre 1996, p. P.

MOSSUZ-LAVAU, Janine, « André Malraux. Tentative de portrait-robot : le menton pour l'engagement politique », propos recueillis par Marie-Ange PAYET, *Figaroscope*, n° 16231, 23 octobre 1996, p. 9.

Mossuz-Lavau, Janine, « André Malraux ministre : une nouvelle vision de la France, une certaine idée de la culture », pp. 19–33 in *André Malraux ministre...*

Mossuz-Lavau, Janine, « Introduction », pp. 11–39 in *André Malraux. La Politique, la culture. Discours, articles, entretiens (1925–1975)* (Présentés par Janine Mossuz-Lavau. Paris, Gallimard, 1996. 410 p. [Coll. « Folio Essais »]).

Mouttapa, Jean, « André Malraux... le prophète agnostique », *L'Actualité religieuse*, n° 149, 15 novembre 1996, pp. 40–8.

Nadeau, Jean-François, « Deux rendez-vous manqués avec André Malraux », *Le Devoir* [Cahier D Livres], vol. 86, n° 274, 23-24 novembre 1996, p. D2.

Nadeau, Maurice, « Le Malraux de Lyotard », *La Quinzaine littéraire*, n° 702, 16–31 octobre 1996, pp. 4-5.

Nassaar, Christopher S., « Malraux's *Man's Fate* », *Explicator*, Vol. 54, no. 2, Winter 1996, pp. 98–102.

Neumann, Laurent, « L'Automne Malraux », *L'Histoire*, n° 203, octobre 1996, p. 94.

Nicola, Jacques, « Les Liens qui unissent politique et culture », *La Liberté*, n° 126/46, 23-24 novembre 1996, p. 24.

Nigolian, Sonia, « Malraux, l'homme de légende a rejoint la mémoire collective... », *La Revue du Liban*, n° 1922, 7–14 décembre 1996, pp. 46-7.

N.KP., « Mythos Malraux », *Lëtzebuerger Journal*, vol. 49, n° 223, 1996, p. 15.

Nora, Pierre, « Le Farfelu au Panthéon », p. 108 in *"Le Sacre de Malraux"*.

Norindr, Panivong. *Phantasmatic Indochina. French Colonial Ideology in Architecture, Film, and Literature.* Durham and London, Duke University Press, 1996. x-205 p. (Coll. « Asia-Pacific, Culture, Politics, and Society »)
    Pp. 72–106 : « Indochina as "Rêves-Diurnes" and male fantasies: Re-Mapping André Malraux's *La Voie royale* ».

NOTHOMB, Paul, « Un Météore », pp. 50–7 in *Les Mille et un visages de Malraux...*".

NOTHOMB, Paul. *Non lieu : récit*. Paris, Phébus, 1996. 185 p. (Coll. « D'aujourd'hui »)
Plusieurs références à Malraux.

NOURISSIER, François, « Le Misérable petit tas de secrets », p. 8 in *Le Figaro* [*littéraire*].

NOURISSIER, François, « Sur, pour et contre Malraux... », p. 80 in *Le Figaro* [*Magazine*].

• *Le Nouvel Observateur* Voir "*L'Épopée Malraux*".

• *La Nouvelle Revue française* Voir "*Le Retour de Malraux*".

O.G.,
     « Inspiration et récupération »
     « Malraux universel »
     L'Express, n° 2368, 21–27 novembre 1996, p. 53.

OLIVIER, Éric, « Les Souvenirs de Clara », p. 4 in *Le Figaro* [*littéraire*].

ORMESSON, Jean D', « André Malraux au Panthéon ! Pourquoi ? », *Figaroscope*, n° 16231, 23 octobre 1996, p. 8.

ORMESSON, Jean D', « Entre ici, André Malraux », *L'Express*, n° 2367, 14–20 novembre 1996, pp. 116-7.

ORMESSON, Jean D', « Malraux, l'anti-Proust », p. 3 in *Le Figaro* [*littéraire*].

ORMESSON, Jean D', « [Témoignage inédit] », pp. 99–100 in "*Les Mille et un visages de Malraux...*".

ORSENNA, Erik,
     « André Malraux : l'héritage d'un génie », pp. 110-1
     « Malraux, prénom Florence », pp. 112-3
     Elle, n° 2655, 18 décembre 1996.

ORY, Pascal, « Pierre Bourdon et la politique culturelle du gouvernement Ramadier », pp. 251–63 in *André Malraux ministre...* .

ORY, Pascal, « André Malraux, un intellectuel type ? », pp. 245–54 in "*Journée André Malraux*".

OSTROROG, « Rapport de l'ambassadeur Ostrorog », pp. 61–7 in *Malraux et l'Inde : itinéraire d'un émerveillement.*

OTTAVIOLI, Pierre, « Malraux, cible de l'OAS », *Historia*, n° 590, février 1996, pp. 86–9.

● OZANNE, Marie-Angélique. *André Malraux, le Ministère des Affaires culturelles et les États-Unis : 1959–1969*. Mémoire de DÉA, sous la direction de André Kaspi. Université Panthéon-Sorbonne - Paris I, 1996. 135 f.
   Mémoire consultable à la BU de Paris-Cujas : S/24.421 - 1996.

PADGAONKAR, Dileep, « L'Inde de Malraux » (trad. Laurence BASTIT), pp. 10–7 in *Malraux et l'Inde : itinéraire d'un émerveillement.*

PALAYRET, Guy, « Les Romans d'André Malraux », pp. 75–140 in *Français Première ES/S*. Paris, Nathan, 1996. 208 p. (Coll. « Balises-Dossiers »)
   Texte repris pp. 144–208 in *Français Première L* (Paris, Nathan, 1996. [Coll. « Balises-Dossiers »]).

PALEWSKI, Gaston, « [Témoignage inédit] », pp. 100–2 in *"Les Mille et un visages de Malraux..."*.

PATRY, André, « Les Visages d'André Malraux », *Le Devoir* [Cahier D Livres], vol. 86, n° 274, 23-24 novembre 1996, pp. D1, D2.

● PATRY, André. *Regards sur André Malraux*. Montréal, Québec, Comeau & Nadeau, 1996. 75 p.
   Réédition de *Visages d'André Malraux. Une œuvre de jeunesse*. Montréal, Éditions de l'Hexagone, 1re éd. : 1956. 41 p.

● PAYNE, Robert. *André Malraux*. Trad. de l'américain par Pierre ROCHERON. Nouvelle édition complétée par Paul-Jean FRANCESCHINI. Paris, Buchet-Chastel, 1996. 430 p.
   Réédition de *André Malraux*. Trad. de Pierre ROCHERON. Paris, Buchet-Chastel, 1re éd. : 1973.
   Titre original : *A Portrait of André Malraux*. Englewood Cliffs [New Jersey], Prentice-Hall, 1970.

PÉGARD, Catherine, « Le Malraux du président », p. 107 in *"Le Sacre de Malraux"*.

PERL, Jed, « Wilson's Eye », *Modern Painters*, Vol. 9, no. 4, Winter 1996, pp. 76–80.

PERRIER, Jean-Claude, « Le Grand retour d'André Malraux », *Jeune Afrique*, n° 1840, 10 avril 1996, pp. 46–8.
    C. r. de André MALRAUX, *Œuvres complètes*, t. II (1996 *notice*).

PESSIS, Jacques *et* Jean-Claude LAMY, « Captain Jack : sa résistance avec Malraux », *Le Figaro*, n° 16257, 22 novembre 1996, p. 25.

PETITDEMANGE, Guy, « Jean-François Lyotard : *Signé Malraux* », *Études*, t. 385, n° 6, décembre 1996, p. 702.

PEYRADE, Jean, « Les Métamorphoses d'André Malraux », *France catholique*, 72ᵉ an., n° 2554, 21 juin 1996, p. 20.
    C. r. de André MALRAUX, *Œuvres complètes*, t. II (1996 *notice*).

PEYRADE, Jean, « Malraux. Face au mystère de Dieu », *France catholique*, 72ᵉ an., n° 2574, 6 décembre 1996, p. 23.

PEYREFITTE, Alain, « Le Chantre du gaullisme », p. 7 in *Le Figaro* [*littéraire*].

PEYREFITTE, Alain, « Le Conquérant de l'espoir », *Le Figaro*, n° 16258, 23-24 novembre 1996, p. 1.

• PEYREFITTE, Alain, *Hommage à André Malraux*. Texte établi d'après l'allocution prononcée en séance publique le 3 décembre 1996, Paris, L'Espace Librairie du Sénat, 1996. 14 p.

PFAFF, William, « Malraux, Self-Made Great Man », *International Herald Tribune*, September 4, 1996, p. 29.

PICARD, Olivier, « Dans la nuit de Paris, les lumières de Malraux », *Dernières Nouvelles d'Alsace* [Édition Strasbourg], n° 275, 24 novembre 1996, p. 3.

• PICON, Gaëtan. *Malraux par lui-même*, avec une bibliographie établie par Christophe CRIME. Paris, Seuil, 1996. 191 p. (Coll. « Écrivains de toujours »)
    Réédition de *Malraux par lui-même*. Paris, Seuil, 1953. 190 p. (Coll. « Écrivains de toujours »).

PIERRARD, Jean, « L'Homme qui conversait avec les civilisations », p. 113 in *"Le Sacre de Malraux"*.

PILLET, Claude / JULAN, Sébastien, « Cet homme pluriel », *La Gruyère*, n° 135, 21 novembre 1996, p. 24.

PINIAU, Bernard, « Introduction. Du dialogue des cultures à la Maison des Cultures du Monde », pp. I–XV in Françoise GRÜND *et* Chérif KHAZNADAR, *Atlas de l'imaginaire* (Préface de Jean DUVIGNAUD. Paris, Maison des Cultures du Monde, 1996. XV-206 p.).

PLUNKETT, Patrice DE, « La Danse des diables », p. 13 in *Le Figaro* [*Magazine*].

• *Le Point*   Voir *"Le Sacre de Malraux".*

POIRIER, Jacques, « Condition humaine, inconscient et servitude volontaire », pp. 25–34 in *"André Malraux".*

POIRIER, Jacques, « Le Colonel Berger », pp. 58–74 in *"Les Mille et un visages de Malraux..."*.

POIROT-DELPECH, Bertrand, « Qu'est-ce qu'un "grand homme" ? », *Le Monde*, n° 16057, 11 septembre 1996, p. 13.

POIROT-DELPECH, Bertrand, « L'Œil de Clara », *Le Monde*, n° 16123, 27 novembre 1996, p. 14.

POIROT-DELPECH, Bertrand, « L'Aventure d'un siècle écrasé par le néant », p. 4 in *"Malraux dans le siècle".*
    Déjà paru dans *Le Monde*, n° 9901, 24 novembre 1976, pp. 1 et 17.

POIROT-DELPECH, Bertrand, « L'Éternelle question », p. II in *Le Monde* [*des livres*].

PONS, Jacques, « Nom de Malraux : le petit télégraphiste », *Le Bord de l'eau*, n° 21, octobre 1996, pp. 107-8.

PONS, Maurice, « "La Politique, la culture", d'André Malraux. Le contemporain capital », *Le Monde*, décembre 1996, p. 31.
    C. r. de 1996 MOSSUZ-LAVAU, *André Malraux. La Politique, la culture.*

POTVIN, Stéphane, « Il n'y a pas de victoire contre la mort », *La Presse*, vol. 86, 24 novembre 1996, p. B2.
    C.r. de 1996 LYOTARD, *Signé Malraux.*

• POUCHOL, Jérôme. *Quel Malraux ? Quel Panthéon ? Catalogue.* Marseille, Bibliothèque de Marseille, 1996. 31 p.

POUJOL, Geneviève, « Aperçu sur la structuration politique et administrative du nouveau ministère des Affaires culturelles », pp. 143–52 in *André Malraux ministre...*

POUJOL, Geneviève, « André Malraux (1901–1976) », pp. 257–9 in *Dictionnaire biographique des militants : XIXe-XXe siècles : de l'éducation populaire à l'action culturelle* (Sous la direction de Geneviève POUJOL *et* Madeleine ROMER. Préface de Maurice AGULHON. Paris - Montréal, Éditions l'Harmattan, 1996. 411 p.).

PRANGER, M. B.[urcht], « André Malraux, Charles de Gaulle and Bernard of Clairvaux on Action and Contemplation », pp. 131–42 in *Mediterranean Perspectives 1 : Literature, Social Studies, and Philosophy* (Edited by James E. CARAWAY. [s.l.,] Dowling College Press, 1996. 176 p. [Coll. « Mediterranean Perspectives »]).

PRAT, Véronique, « Malraux sous le regard de Gisèle Freund », p. 82 in *Le Figaro [Magazine]*.

PUCHEU, René, « Malraux. Du Panthéon à Saint-Sulpice », *France catholique*, 72e an., n° 2574, 6 décembre 1996, pp. 28-9.

QUACH, Gianna, « *Les Conquérants* and the Limits of Malraux's Humanism », *Revue André Malraux Review*, Vol. 26, no. 1-2, 1996-1997, pp. 53–67.

QURESHI, Mahmud Shah, « 1996 - Malraux Borsho », *Daily Janakantha*, November 29, 1996, pp. 5-6.   [*Non vérifié.*]

QURESHI, Mahmud Shah, « André Malraux O Bangladesher Muktijuddha », *Daily Ittefaq*, December 15, 1996, pp. 5-6.
[*Non vérifié.*]
Sur Malraux et ses actions au Bangladesh.

RABAUDY, Martine DE, « Malraux au pied de la lettre », *L'Express*, n° 2367, 14–20 novembre 1996, pp. 118–21.

[RADULESCU, Domnica],
    « Past and Upcoming Events », p. 1
    « Malraux in France - Enduring Popularity », p. 2
    « Areas in Malraux Studies and Scholarship which have not been given enough attention or could use more attention from critics », p. 2
    « The Malraux Society and the Modern Language Association. The Tyranny of Ideology », p. 3
    Bulletin André Malraux Newsletter, Vol. 2, no. 1, Fall/Automne 1996.

RADULESCU, Domnica, « Pierre de Boisdeffre, *André Malraux et l'histoire*, Monaco - [Paris] Rocher, 1996 », *Revue André Malraux Review*, Vol. 26, no. 1-2, 1996-1997, pp. 169–71.

RAGUIN, Joseph, « Les Mots en action », *La Voix du Nord*, n° 16310, 23 novembre 1996, p. 16.

RAISON, Francis, « La Direction du théâtre et des maisons de la culture : 1966–1968-1969 », pp. 215–29 in *André Malraux ministre...*

RANNOUX, Catherine, « L'Emploi du tiret dans *La Condition humaine* ou la polyphonie monotone », *L'Information grammaticale*, n° 68, janvier 1996, pp. 30–3.

RAO, Raja, « When Malraux met Jawaharlal Nehru », pp. 44–59 in *The Meaning of India* (New Delhi, Vision Books, 1996. 204 p.).
   Déjà paru pp. 486–95 in *Jawaharlal Nehru. Centenary volume* (Edited by Sheila DIKSHIT ; K. NATWAR-SINGH ; G. PARTHASARATHI... [et. al.]. New Delhi - Oxford - New York, Oxford University Press, 1989).

RAO, Raja, « André Malraux among the gods of India », pp. 123–36 in *The Meaning of India* (New Delhi, Vision Books, 1996. 204 p.).
   Déjà paru en français : « Devant les dieux de l'Inde... Avec André Malraux », *Le Figaro* [*littéraire*], 9 avril 1960, pp. 5-6.

RAO, Raja,
   « Quand Malraux rencontre Jawaharlal Nehru » (trad. par Marie DELPECH), pp. 45–55
   « Parmi les dieux de l'Inde », pp. 73–83
   in *Malraux et l'Inde : itinéraire d'un émerveillement.*

RASPIENGEAS, Jean-Claude, « Malraux. Le héros et l'infini », *Télérama*, n° 2445, 23–29 novembre 1996, pp. 100–6.

RAUCH-LEPAGE, Marie-Ange, « Le Conquérant de la rue de Valois », pp. 108–23 in *"Les Mille et un visages de Malraux"...*

RAVACHE, Martine, « Gisèle Freund raconte Malraux », p. 31 in *"Malraux et sa légende"*.

RAVANEL, Serge / MONFERRAN, Jean-Paul, « "J'avais l'impression d'être un insecte" », *L'Humanité*, n° 16261, 23 novembre 1996, pp. 3-4.

RAYMOND, Gino
« Malraux and Aragon : from mystique to politique »,
pp. 68–82
« Curtis Cate, *André Malraux: A Biography* », pp. 167–9
Revue André Malraux Review, Vol. 26, no. 1-2, 1996-1997.

RAYNOUARD, A., « André Malraux, aventurier, romancier et esthète »,
Écriture(s), n° 25, septembre 1996, pp. 53-4.

R.C., « Malraux, la légende du siècle... », *Nice-Matin*, n° 17795,
21 novembre 1996, p. 3.

• *Les Réalités et les comédies du monde : André Malraux*. Paris, Éditions
de l'Herne, 1996. 74 p. (Coll. « Confidences »)
Pp. 5–38 : « Les Réalités et les comédies du monde ».
Cet entretien avec Malraux, réalisé à la fin de l'année 1974 par Olivier
Germain-Thomas, a paru dans la revue *L'Appel* de janvier-février 1975.
Repris pp. 259–70 in *André Malraux* (dirigé par Michel CAZENAVE.
Paris, L'Herne, 1982 [Coll « Cahiers de l'Herne » 43]).
Pp. 39–54 : « Elle a des ailes ! »
Cet entretien avec Malraux, réalisé par Fanny Deschamp, a paru sous
le titre « Malraux répond aux féministes » dans *Le Point*, n° 130, 17 mars
1975, pp. 146–54.
Repris pp.150–5 in *André Malraux* (dirigé par Michel CAZENAVE. Paris,
L'Herne, 1982 [Coll « Cahiers de l'Herne » 43]).

RECHNIEWSKI, Élizabeth. *Suarès, Malraux, Sartre. Antécédents littéraires
de l'existentialisme*. Paris, Lettres Modernes, 1996. 145 p. (Coll.
« Situation »)
Pp. 55–71 : « Suarès et Malraux, le poète et l'homme d'action ».
Pp. 73–86 : « Les puissances du désert ».
Pp. 87–103 : « *La Condition humaine* ».
Pp. 105–18 : « De la forêt cambodgienne au jardin public ».

RENAUD, Alexandre,
« Chronologie », pp. II–XII
« En vitrine cet automne », p. XII
in *Le Monde* [*des livres*].

• *"Le Retour de Malraux"*, *La Nouvelle Revue française*, n° 526,
novembre 1996. 126 p.
Voir : BOSC, BRUNEL, DELPUECH, LACOUTURE, MOATTI, SEMPRUN.

• *Revue des Deux Mondes*   Voir "*Les Mille et un visages de Malraux.*
Témoignages inédits".

RHYOU, Bok-Ryeol, «Malraux et les pensées orientales, le Confu-
cianisme : l'éthique et ses inconvénients», *Revue André Malraux*
Review, Vol. 26, no. 1-2, 1996-1997, pp. 83–106.

RIBEAUD D'ORTOLI, Paul, «Nous avons retrouvé le pirate de l'air sauvé
par Malraux en 1973 : Jean Kay», *Le Figaro* [*Magazine*], nº 16264,
30 novembre 1996, pp. 60–6.

RICHARD, Dominique, «Entré en Résistance en 1943, André Malraux a
vainement essayé», *Sud-Ouest*, 24 novembre 1996, p. 6.
        Voir : 1996 [LACHAUD].

RIDING, Alan, «Malraux Joins the Greats in the Pantheon/As the French
Exult in the Pride of Image», *The New York Times*, November 25,
1996, pp. C11-C12.

RIGAUD, Jacques, «Débat», pp. 109 et 122-3 in *André Malraux*
ministre...

RINALDI, Angelo, «Malraux et les carambar», *L'Express*, nº 2360,
26 septembre–2 octobre 1996, p. 126.
        C. r. de 1996 LYOTARD, *Signé Malraux.*

RIOUX, Christian, «Malraux sans Gauloise», *Le Devoir*, vol. 86, nº 250,
26-27 octobre 1996, p. A1.

RIOUX, Christian,
        «Malraux le Québécois», pp. A1, A6
        «Malraux, une longue interrogation», pp. D1, D2
    Le Devoir, vol. 86, nº 274, 23-24 novembre 1996.

RIOUX, Christian, «Saint et iconoclaste», *Le Devoir* [Cahier D Livres],
vol. 86, nº 274, 23-24 novembre 1996, p. D1.

RIOUX, Jean-Pierre, «L'État et la culture, du Front populaire à la
Vᵉ République : un nouveau champ d'études pour la recherche
historique», pp. 265-7 in *André Malraux ministre*...

RIPOCHE, Jacques, «Courrier des lecteurs : On a fait de Malraux une
figure emblématique», *Sud-Ouest*, 16 décembre 1996, p. K.

[Riss,]
« Chirac instaure l'alternance au Panthéon », p. 3
« Ça ne le fera pas revenir », p. 7
« "Moi, André M., 95 ans, drogué, dopé, panthéonisé" » p. 11
« Malraux Land », p. 14
Charlie Hebdo, n° 232, 27 novembre 1996.

Robert-Diard, Pascale, « M. Chirac a célébré André Malraux "homme de justice et de fraternité" », *Le Monde* [*hebdomadaire*], n° 2508, 28 novembre 1996, p. 13.

Roberts-Jones, Philippe, « André Malraux, du Musée imaginaire aux maisons de la Culture », pp. 233–44 in *"Journée André Malraux"*.

Robertson, Jean-Ellen. « *A Literay Perspective on the Notion of 'Le Hasard' in Twentieth Century France*. University of Illinois, 1995 », *Dissertation Abstracts International*, Vol. 56, no. 9, May 1996, 3604A.
Voir : 1995 Robertson.

Robitaille, Louis B.[ernard], « La "béatification" de Malraux », *La Presse*, 24 novembre 1996, p. A4.

Rohou, Anne, « Un Transfert qui ne fait pas que des heureux... », *La Croix*, n° 34571, 23 novembre 1996, p. IV.

Rollat, Alain, « Antiglorioles », *Le Monde*, n° 16121, 24-25 novembre 1996, p. 26.

Rollier, André, « Débat », pp. 177–80 in *André Malraux ministre...*

Rondeau, Daniel, « Métamorphoses d'un revenant », *Le Monde* [*des livres*], n° 16119, 22 novembre 1996, p. IX.

Rosa Da Silva, Edson, « Autobiographie / Antibiographie », *Revue André Malraux Review*, Vol. 26, no. 1-2, 1996-1997, pp. 107–27.

Rosa Da Silva, Edson, « O diálogo entre História e ficção nos romances de André Malraux / Le dialogue entre l'Histoire et la fiction dans les romans d'André Malraux », pp. 39–45 in *Signos em interação* ([organizado por] Ester Abreu Vieira de Oliveira. Vitória, UFES / Departamento de Línguas e Letras, 1996. 130 p.).

ROUART, Jean-Marie, « Fumeux », *Le Figaro* [*littéraire*], n° 16208, 26 septembre 1996, pp. 1-2.

ROUART, Jean-Marie, « De Gaulle : un passionné de littérature », *Historia*, n° 600, décembre 1996, pp. 84-5.

ROUART, Jean-Marie, « Ambition », pp. 1-2 in *Le Figaro* [*littéraire*].

ROUAULT, Isabelle, « [Témoignage inédit] », pp. 102-3 in *"Les Mille et un visages de Malraux..."*.

ROUDAUT, Jean, « Pour Laclos », pp. 61-2 in *"Malraux et sa légende"*.

ROUX, Emmanuel DE, « Trois ministres de la culture plus un, André Malraux », *Le Monde*, n° 16097, 27-28 octobre 1996, p. 21.
C. r. du colloque « Culture et politique », Dunkerque, 24 octobre 1996.

ROY, Claude, « Les Leçons de "l'Espoir" », p. 21 in *"L'Épopée Malraux"*.

RUCKLIN, R., « De l'Autriche à Malraux », *Dernières Nouvelles d'Alsace*, n° 272, 21 novembre 1996, p. 3.

R.-Y.R., « Une Double fascination, "Malraux - De Gaulle : la nation retrouvée" par François Gerber », *Luxemburger Wort. Die Warte*, vol. 49, n° 36, 1996, p. 3.

• *"Le Sacre de Malraux"*, *Le Point*, n° 1256, 12–19 octobre 1996.
Voir : BILLARD, DUFAY, LÉVY, NORA, PÉGARD, PIERRARD.

SAINT-ANDRÉ, Alix, « "La Condition humaine" ? C'est un polar métaphysique ! », pp. 74–6, 78 in *Le Figaro* [*Magazine*].

SAINT-CHERON, François DE, « Les Romans d'André Malraux », *L'Information littéraire*, n° 5, novembre-décembre 1996, pp. 30–3.

SAINT-CHERON, François DE, « La Foi d'André Malraux », pp. 11–8 in *"André Malraux"*.

SAINT-CHERON, François DE, « La Pensée sur l'art d'André Malraux », pp. 32–7 in *André Malraux en Thaïlande*.

• SAINT-CHERON, François DE. *André Malraux*, Ministère des Affaires étrangères. Paris, ADPF (Association pour la Diffusion de la Pensée Française), 1996. 109 p.

● SAINT-CHERON, François DE. *L'Esthétique de Malraux*. Paris, S.E.D.E.S., 1996. 212 p. (Coll. « Esthétique »)

● SAINT-CHERON, François DE. *Les Romans de Malraux. Problématiques essentielles*. Paris, Hatier, 1996. 159 p. (Coll. « Profil littéraire, série Histoire littéraire »)

SAINT-CHERON, Michaël DE, « Malraux face au destin juif », *L'Arche*, n° 464, juillet 1996, pp. 60–3.

SAINT VINCENT, Bertrand DE, « Hervé Gaymard est devenu gaulliste grâce à Malraux », pp. 40-1 in *Le Figaro* [*Magazine*].

SALECK, Maurice, « Angkor. Quand Malraux pillait les temples khmers », *Muséart*, n° 65, novembre-décembre 1996, p. 99.

SALIN, Dominique, « François de Saint-Cheron. *L'Esthétique de Malraux*, S.E.D.E.S., coll. "Esthétique", 1996 », *Études*, t. 385, n° 5, novembre 1996, p. 556.

SALLOIS, Jacques, « Trente ans après, quelques questions », pp. 241–7 in *André Malraux ministre...*

SAMOYAULT, Tiphaine, « Petite enquête auprès d'étudiants en lettres à propos d'André Malraux (Université Paris VIII-Saint-Denis) », *La Quinzaine littéraire*, n° 702, 16–31 octobre 1996, p. 6.

SANCHEZ, Serge, « L'Épopée d'une vie. Pierre de Boisdeffre, Éd. du Rocher », p. 66 in *"Malraux et sa légende"*.

SARFATY-VARMA, Dominique, « Malraux et la mort », pp. 152–5 in *Malraux et l'Inde : itinéraire d'un émerveillement*.

SAVIGNEAU, Josyane, « Malraux, la jeunesse du siècle », p. I in *Le Monde* [*des livres*].

SCHMIGALLE, Günther, « Malraux pasa al Panteón de los Hombres Ilustres », *La Prensa Literaria*, 2 november 1996, p. 7.

[SCHUMANN, Maurice,] « Allocution de Maurice Schumann : Transfert des cendres de Malraux au Panthéon le 23 novembre 1996 », *Les Cahiers du journalisme*, n° 3, juin 1997, pp. 156-7.

SCHNEIDER, Joseph Paul, « Au-delà de tous les visages et de tous les masques... André Brincourt à la rencontre d'André Malraux », *Luxemburger Wort*, n° 256, 7 novembre 1996, p. 5.

SENGHOR, Léopold Sédar, « [Témoignage inédit] », p. 104 in *Les Mille et un visages de Malraux...*".

SÉGUIN, Philippe, « [Préface] », pp. 3-4 in *André Malraux : Discours prononcés à l'Assemblée nationale 1945–1976* (Textes établis par Philippe DELPUECH. Préface de Philippe SÉGUIN. Paris, Assemblée Nationale, 1996. 137 p.).

SÉGUR, Claudine, « Malraux : quelques rappels avant le Panthéon », *Le Parisien*, n° 16233, 13 novembre 1996, p. 35.

• SELOUDRE, Jean-Pierre. *Les Romans d'André Malraux : thèmes et sujets*. Paris, Presses Universitaires de France, 1996. 123 p. (Coll. « Major Bac »)

SEMPRUN, Jorge, « Malraux face à Gide et à l'Histoire », *Le Journal du dimanche*, n° 2604, 24 novembre 1996, p. 20.
    Voir : 1997 SEMPRUN.

SEMPRUN, Jorge / BERMOND, Daniel, « Jorge Semprun », *Lire*, n° 250, novembre 1996, pp. 42–50.

SEMPRUN, Jorge / CORTANZE, Gérard DE, « L'Espagne sans retour », pp. 35–8, 39–41 in *"Malraux et sa légende"*.

SEMPRUN, Jorge, « Je me souviens. Je ne me souviens que trop... », pp. 24–33 in *"Le Retour de Malraux"*.

SEMPRUN, Jorge. *L'Écriture ou la vie*. Paris, Gallimard, 1996. 396 p. (Coll. « Folio »)
    Pp. 151–3, 59–61.
    Voir : 1994 SEMPRUN.

SÉNÉCAL, Didier, « L'Engagement et l'esbroufe », *Lire*, n° 250, novembre 1996, pp. 28-9.

SÉRY, Macha, « Un Rendez-vous manqué. Malraux et l'école », *Le Monde de l'éducation*, n° 242, novembre 1996, pp. 61–4.

SHORLEY, Christopher,
    « Women in Malraux's Fiction: Back in the Searchlight », pp. 128–42
    « Laurent Lemire, *André Malraux : Antibiographie*, Paris, J.-C. Lattès, 1995 », pp. 172–4
    Revue André Malraux Review, Vol. 26, no. 1-2, 1996-1997.

SIEGEL, L., « Where There's Smoke. There's Fire - André Malraux in the French Pantheon », *Art News*, Vol. 95, no. 11, December 1996, p. 32.

SILBERT, Martine, « Malraux, dans le siècle », p. 1 in *"Malraux dans le siècle"*.

SIMION, Eugen, « Malraux : a passion for greatness. A religion of fraternity », pp. 155–66 in *The Return of the author* (Edited with an introduction by James W. NEWCOMB ; translated from Romanian by James W. NEWCOMB *and* Lidia VIANU. Evanston, Northwestern University Press, 1996. 326 p. [Coll. « Rethinking theory »]).

SIMON, Nathalie, « Pour le vingtième anniversaire de sa mort. Malraux entre au Panthéon », *Le Figaro*, n° 16168, 10-11 août 1996, p. 26.

SIRE, Marie-Anne. *La France du patrimoine : les choix de la mémoire.* Paris, Gallimard / Caisse nationale des monuments historiques et des sites, 1996. 144 p. (Coll. « Découvertes Gallimard », série Mémoire des lieux »)
Pp. 66–9.

SIRINELLI, Jean-François. *Intellectuels et passions françaises. Manifestes et pétitions au XXe siècle.* Paris, Gallimard, 1996. 592 p. (Coll. « Folio Histoire »)
Pp. 286–90 : « L'Affaire Malraux ».
Voir : 1990 SIRINELLI.

SLAMA, Alain-Gérard, « La Postérité de Malraux s'est reconnue à Sarajevo », *Le Figaro* [*littéraire*], n° 16023, 22 février 1996, p. 8.

SLAMA, Alain-Gérard, « Intellectuels ? Requiem pour une espèce en voie de disparition », *Le Figaro* [*littéraire*], n° 16208, 26 septembre 1996, p. 5.

SMADJA, Gilles, « Samedi, au Panthéon, est entré André Malraux », *L'Humanité*, n° 16262, 25 novembre 1996, pp. 4-5.

SMITH, Alex Duval, « French Cultural icon gets makeover », *The Guardian*, November 16, 1996, p. 15.

● SONG, Ning. *Literary creation and cultural understanding. Reflections on Chinese culture in André Malraux's works and its influence on*

Malraux's career. University of Illinois at Urbana-Champaign, Advisor : Popescu Nicolae, 1996. 138 f.
> *Dissertation Abstracts International*, Vol. 57, no. 4, October 1996, pp. 1644-5A.

[SPIRE, Arnaud], « Un Biographe "amateur" », *L'Humanité*, n° 16260, 22 novembre 1996, p. 12.
> C. r. de 1996 LYOTARD, *Signé Malraux.*

SPITZ, Bernard, « Malraux, le dernier chevalier », *L'Express*, n° 2360, 26 septembre-2 octobre 1996, p. 150.

SPITZ, Bernard, « La Leçon d'espoir », *Le Monde* [*des livres*], n° 16119, 22 novembre 1996, p. VII.

SPORTÈS, Mogan, « Oublier l'auteur de l'"Espoir" », *Le Monde*, n° 16120, 23 novembre 1996, p. 17.

STALLONI, Yves, « "L'Espoir", de Malraux (I) », *L'École des lettres* (II), n° 4, 1er novembre 1996, pp. 1–25.

STALLONI, Yves, « "L'Espoir", de Malraux (II) », *L'École des lettres* (II), n° 5, 15 novembre 1996, pp. 1–23.

• STÉPHANE, Roger. *André Malraux. Premier dans le siècle.* Paris, Gallimard, 1996. 120 p. (Coll. « Les Cahiers de la NRF »)

STÉTIÉ, Salah, « Yémen de plusieurs rêves », *Parade sauvage*, n° 13, mars 1996, pp. 83–103.
> Pp. 96–9 : [Malraux et la Reine de Saba].

SUDOLSKI, Patricia,
> « Les Deux Paris de Malraux », pp. VI-VII
> « Comment il a sauvé le Marais », p. VII
> *Le Parisien*, n° 16242, 23-24 novembre, 1996.

SUKSAWASDI NA AYUTHYA, Thira, « Confrontation de l'Occident et de l'Orient dans *la Tentation de l'Occident* », pp. 90–119 in *André Malraux en Thaïlande.*

SVERRE, Knut, « André Malraux, en fransk legende », *Aftenposten*, 22. November 1996, p. 10.

TABARD, Guillaume,
« Avec André Malraux le gaullisme entre au Panthéon », p. I
« Au Grand homme, deux ministres reconnaissants », p. IV
La Croix, n° 34571, 23 novembre 1996.

TAKEMOTO, Tadao / PONS, Philippe, « Japon, l'autre voie », p. VI in *Le Monde* [*des livres*].

TAKI, Atticus, « Malraux gets the sanitation stamp », *The Sunday Times*, November 3, 1996, p. 13.

TALON, Guy, « "André Malraux", "Roman 20/50", n° 19, 260 p. », *L'École des lettres* (II), n° 2, 15 septembre 1996, p. 36.

TALON, Guy, « Christiane Moatti, *Malraux, L'Espoir*, coll. "Profil d'une œuvre", n° 4, Hatier, 1996 », *Bulletin de l'Association des Professeurs de Lettres*, n° 79, septembre-octobre 1996, pp. 44-5.

TALON, Guy, « "Œuvres complètes" d'André Malraux, Tome II, Gallimard, "Pléiade", 1996, 1904 p. », *L'École des lettres* (II), n° 3, 15 octobre 1996, pp. 9–12.

TALON, Guy, « Malraux, sa vie, son œuvre et son temps », *L'École des lettres* (II), n° 4, 1er novembre 1996, pp. 27–33.

• TALON, Guy. *Jeux de miroirs. (Du Destin au dialogue dans l'œuvre romanesque et autobiographique d'André Malraux).* Thèse de Doctorat d'État, sous la direction de Jacques Robichez. Université de la Sorbonne Paris IV, 1996. 824 f.
Thèse consultable à Paris IV - BU Serpente : TMC 5119.

TAME, Peter, « Gino Raymond, *André Malraux: Politics and the Temptation of Myth*, Aldershot: Avebury, 1995 », *Revue André Malraux Review*, Vol. 26, no. 1-2, 1996-1997, pp. 174–7.

TAYLOR, Victor E. « *Parasacrality : the humanities in the Age of postmodernism (Mircea Eliade, Gilles Deleuze, Jacques Derrida, André Malraux, Friedrich Nietzsche, Ludwic Wittgenstein).* Syracuse University, Ph.D., 1995. 242 f. », *Dissertation Abstracts International*, Vol. 56, no. 9, March 1996, p. 3352A.
Voir : 1995 TAYLOR.

TÉTARD, Françoise, « L'Éducation populaire : l'histoire d'un rattachement manqué », pp. 153–72 in *André Malraux ministre...*

● THÉODOROPOULOS, Takis. *Malraux. Les métamorphoses de la Grèce secrète.* Athènes, Ambassade de France/Institut français d'Athènes, 1996. 120 p.

THIBAUD, Cécile, « Malraux ? Caveau VI ? », *Le Nouvel Économiste*, n° 1067, 15 novembre 1996, p. 89.

THOMAS, Terry Elisabeth. *Une Terreur tricolore : French intellectuals and the terrorist temptation (André Malraux, Walter Laqueur).* Ph.D., University of Washington, 1996. 360 f.
> *Dissertation Abstracts International*, Vol. 57, no. 5, November 1996, p. 2065A.

THOMPSON, Brian, « Passion et compassion chez Mauriac et Malraux », pp. 29–44 in *François Mauriac et l'observation des passions* (Actes du colloque de la Sorbonne, 2–4 octobre 1995. Paris, Association internationale des amis de François Mauriac, 1996. 291 p. [Coll. « Mauriac et son temps »]).

THUMEREL, Fabrice, « Tragique et roman de l'entre-deux-guerres "La Condition humaine" (1933), de Malraux, et "Le Cheval de Troie" (1935), de Nizan" (I) », *L'École des lettres* (II), n° 1, 1ᵉʳ septembre 1996, pp. 3–12.

THUMEREL, Fabrice, « Tragique et roman de l'entre-deux-guerres "La Condition humaine" (1933), de Malraux, et "Le Cheval de Troie" (1935), de Nizan (II) », *L'École des lettres* (II), n° 2, 15 septembre 1996, pp. 17–36.

TODD, Olivier. *Albert Camus, une vie.* Paris, Gallimard, 1996. 855 p. (Coll. « Biographies »)
> Nombreuses références à Malraux.
> Voir : 1999 TODD.

TRÉCOURT, François, « Chronologie », pp. 20–5 in *"Malraux et sa légende"*.

TRÉCOURT, François, « Introduction », pp. 7–13 in André MALRAUX. *Espoir. Sierra de Teruel.* Note technique de Noël BURCH. Paris, Gallimard, 1996. XV-165 p. (Coll. « Folio »)

TRÉCOURT, François,
« Chronologie », pp. XLIX–LXIX
« *L'Espoir*. Notice », pp. 1305–21
« Note historique », pp. 1321–33
« Note sur le texte », pp. 1333–8
« *L'Espoir*. Notes et variantes », pp. 1339–588
in André MALRAUX, *Œuvres complètes*, t. II (Paris, Gallimard, 1996.
LXIX-1825 p. [Coll. « Bibliothèque de la Pléiade »]).

[TRÉCOURT, François], « Chronologie », pp. XXVII–LVIII in André
MALRAUX, *Œuvres complètes*, t. III (Paris, Gallimard, 1996. LVIII-
1428 p. [Coll. « Bibliothèque de la Pléiade »]).

TRÉMOIS, Pierre-Yves, « [Témoignage inédit] », p. 105 in *"Les Mille et
un visages de Malraux..."*.

TRÉVISAN, Carine, « Les Romans de Malraux », pp. 100–287 in *Les
Fables de La Fontaine. Le drame romantique. Les romans d'André
Malraux* (Paris, Belin, 1996. 287 p. [Coll. « Bac 97 1re L »]).
Texte repris pp. 99–187 in Nathalie MARINIER *et* Carine TRÉVISAN, *Le
Drame romantique. Les romans d'André Malraux* (Paris, Belin, 1996
[Coll. « Bac 97 1res ES-S »]).

TRUEHART, Charles, « Malraux's fate: Falling under nostalgic scruting »,
Washington Post News Feed, Vol. 119, no. 356, November 25,
1996, p. A15.

TUCCI, Nina S., « Domnica Radulescu, *André Malraux: The "Farfelu"
as Expression of the Feminine and the Erotic*, New York, Peter
Lang, 1994 », *Revue André Malraux Review*, Vol. 26, no. 1-2, 1996-
1997, pp. 178–80.

ULMANN, Marc, « Une Vie devenue destin », *Le Télégramme de Brest et
de l'Ouest*, n° 16003, 23-24 novembre 1996, p. 4.

URFALINO, Philippe. *L'Invention de la politique culturelle*. Paris, La
Documentation française, 1996. 361 p. (Coll. « Travaux et docu-
ments »)
Pp. 13–29 : « Enquête sur une invention ».
Pp. 33–7 : « La culture contre l'éducation ».
Pp. 39–57 : « La philosophie de l'État esthétique ».

Pp. 59–99 : « Les trois origines de la doctrine ».
Pp. 109–30 : « Le mauvais mélange et les deux démonstrations ».
Pp. 169–83 : « La maison : une machine vertueuse ».
Pp. 243–72 : « La fin de l'exemplarité ».
Pp. 325–40 : « De Malraux à Lang, de l'invention à la dissolution ».

VACHER, Pascal, « *La Condition humaine* : un roman de la solitude », pp. 37–51 in *Actes du colloque "André Malraux"*.

● VACHER, Pascal. *La Condition humaine. Malraux*. Paris, Hatier, 1996. 95 p. (Coll. « Profil littérature », série « Profil d'une œuvre »)
Voir : 2002 VACHER.

● VALTAT, Jean-Christophe. *Premières leçons sur "L'Espoir" d'André Malraux*. Paris, Presses Universitaires de France, 1996. 116 p. (Coll. « Major Bac »)

VAN DER KEMP, Gerald, « [Témoignage inédit] », p. 16 in *"Les Mille et un visages de Malraux..."*.

VAN DER PLAETSEN, Jean-René, « Sous le signe de Malraux », *Le Figaro*, n° 16228, 19-20 novembre 1996, p. 8.
C. r. de 1996 *André Malraux ministre*.
C. r. de 1996 LANG, *Lettre à Malraux*.
C. r. de 1996 GAYMARD, *Pour Malraux*.

VAN DER PLAETSEN, Jean-René, « André Malraux : *Œuvres complètes*, tome III », p. 82 in *Le Figaro* [*Magazine*].

VAN GRASDORFF, Gilles, « Entre ici, André Malraux... Le transfert de ses cendres au Panthéon a lieu ce samedi », *Luxemburger Wort*, vol. 149, n° 270, 1996, p. 6.

VAVASSEUR, Pierre, « André Malraux entre ce soir au Panthéon », *Le Parisien*, n° 16242, 23-24 novembre 1996, p. 30.

VEILLETET, Pierre, « La Griffe Malraux », *Sud-Ouest* [Charente], 23 novembre 1996, p. 1.

VERPRAET, Georges, « Malraux au Panthéon. Apocryphe », *France catholique*, 72e an., n° 2571, 15 novembre 1996, p. 29.

VETTU, Christiane, « Pourquoi panthéoniser Malraux ? », *Dernières Nouvelles d'Alsace*, n° 275, 24 novembre 1996, p. 3.

VIALLE, Gabrielle, «Milhaud : musique pour "l'Espoir"», *La Marseillaise* [*Magazine*], n° 2976, 29 septembre 1996, p. 4.

VIANSSON-PONTÉ, Pierre, «"Ma vie sanglante et vaine... un misérable petit tas de secrets"», p. 1 in *"Malraux dans le siècle"*.
Déjà paru dans *Le Monde*, n° 9901, 24 novembre 1976, p. 16.

VIART, Dominique, «André Malraux, *Œuvres complètes II*, volume publié par Marius-François Guyard, Maurice Larès et François Trécourt, introduction de Michel Autrand, bibliothèque de la Pléiade, Gallimard, 1996, 1825 p.», *Roman 20–50*, n° 22, décembre 1996, pp. 175-6.

VILLANI, Jacqueline, «Le Discours sur l'art dans *"L'Espoir"* de Malraux», *L'École des lettres* (II), n° 5, 15 novembre 1996, pp. 25–34.

VILLANI, Sergio, «Malraux au Panthéon», *LittéRéalité*, Vol. 8, no. 2, automne-hiver 1996, pp. 9-10.

VILLANI, Sergio, «Geoffrey T. Harris, *André Malraux, A reassessment.* New York, St Martin's Press, Inc, 1996», *Revue André Malraux Review*, Vol. 26, no. 1-2, 1996-1997, pp. 180–4.

• VILLEMOT, Dominique. *André Malraux et la politique ou l'être et l'histoire.* Préface de Philippe SÉGUIN. Paris - Montréal, Éditions l'Harmattan, 1996. 192 p.

VILLERS, Claude, avec la collaboration de Christian CLÈRES et Renaud ALBERNY. *Marchands d'histoires.* T. 2 : *Les Grands aventuriers.* Paris, Pocket, 1996. 295 p. (Coll. «Pocket»)
Pp. 229–39 : «André Malraux, un aventurier en Cochinchine».

VOORHOEVE, Paul E., «Précision sur la genèse de *La Condition humaine*», *Revue André Malraux Review*, Vol. 26, no. 1-2, 1996-1997, pp. 144–8.

WEBER, Eugen Joseph. *The Hollow years: France in the 1930s.* New York, Norton, 1996. 352 p.
Pp. 226-8 : «[Malraux]».

WEILLER, Paul-Louis, «[Témoignage inédit]», pp. 106-7 in *"Les Mille et un visages de Malraux..."*.

• WERLEN, Denise. *"La Condition humaine", André Malraux*. Paris, Bertrand-Lacoste, 1996. 126 p. (Coll. « Parcours de lecture », série « Œuvres intégrales »)

WIEGAND, Wilfried, « Tritt ein mit deinem Gefolge. Heroen, indenen sich Frankreich erkennt : André Malraux wird ins Pantheon aufgenommen », *Frankfurter Allgemeine Zeitung*, Nr. 274, Samstag, 23 November 1996, p. 33.

WILHELM, Frank,
    « Malraux et le Luxembourg », pp. 109–36
    « Les Grands journalistes et les romans-reportages de Malraux »,
        pp. 137–68
    Études romanes, n° 12, 1996.

WINOCK, Michel, « L'Odyssée de Malraux », *Histoire*, n° 200, juin 1996, pp. 36–9.

WINOCK, Michel. *"Esprit", des intellectuels dans la cité : 1930–1950*. Postface par François BÉDARIDA. Nouvelle édition revue et augmentée. Paris, Seuil, 1996. 499 p. (Coll. « Points. Histoire »)
    Nombreuses références à Malraux.
    Paru sous le titre *Histoire politique de la revue "Esprit" : 1930–1950*. Paris, Seuil, 1975. 446 p. (Coll. « L'Univers historique »).

WIWATSORN, Walaya, « André Malraux et *La Voie royale* », pp. 47–77 in *André Malraux en Thaïlande*.

WOODROW, Alain, « Un Agnostique avide de transcendance », p. 2 in *"Malraux dans le siècle"*.
    Déjà paru dans *Le Monde*, n° 9902, 25 novembre 1976, p. 12.

WROEBEL, Catherine,
    « Comment le voient les seniors. "Captivant et troublant" »
    « Comment le voient les juniors. "Qui le keum du métro ?" »
    France-Soir, n° 16267, 23 novembre 1996, p. 5.

YANA, Pierre, « Malraux-Drieu La Rochelle : deux pensées de la guerre », pp. 32–4 in *"Malraux et sa légende"*.

YAZBEK AZOURY, Mary, « Pas de "pour Malraux !" », *La Revue du Liban*, n° 1922, 7–14 décembre 1996, p. 48.

YOURCENAR, Marguerite, «[Témoignage inédit]», p. 107 in *Les Mille et un visages de Malraux...*".

ZARADER, Jean-Pierre, «Affaires culturelles : la mise en scène d'une pensée», p. 6 in *Le Figaro* [*littéraire*].

ZARADER, Jean-Pierre, «André Malraux : la présence ou le temps de l'art», pp. 93–103 in *Penser le temps* (Ouvrage coordonné par Martine MÉHEUT. Paris, Ellipses, 1996. 127 p.)

• ZARADER, Jean-Pierre. *Malraux ou la pensée de l'art : une approche philosophique.* Préface d'André BRINCOURT. Paris, Vinci, 1996. 248 p. (Coll. «Le Miroir des idées»)
    Voir : 1998, 1999 ZARADER.

ZAVRIEW, André, «André Malraux - La mort et l'histoire de Pierre de Boisdeffre, Éd. du Rocher, 264 p.», p. 186 in *"Les Mille et un visages de Malraux..."*.

ZHENG, Ke Lu, «Tenir ferme le pouls du temps : la création romanesque de Malraux», *Littérature étrangère contemporaine*, n° 4, 1996, pp. 54–62.   [*Non vérifié.*]

NOTTINGHAM WITHDRAWN UNIVERSITY LIBRARY

Fin de la première partie (1990–1996).
Deuxième partie (1997–2002) à paraître en 2005
avec Index des périodiques et Index des auteurs.

première émission réservée aux souscripteurs

LA REVUE DES LETTRES MODERNES

publiée sous la direction de Michel J. MINARD,
fut à l'origine (1954) une revue d'« histoire des idées et des littératures ».
Jusqu'aujourd'hui cette collection s'est déployée en un ensemble de
monographies constituées de volumes indépendants répartis en Séries,
notamment :

Bernanos (1960). Dir. M. ESTÈVE
Apollinaire (1962). Dir. M. DÉCAUDIN †
Claudel (1964). Dir. J. PETIT †
  (1983). Dir. M. MALICET
  (2001). Dir. D. ALEXANDRE
Barbey d'Aurevilly
  (1966). Dir. J. PETIT †
  (1983). Dir. Ph. BERTHIER
Camus (1968). Dir. B.T. FITCH
  (1989). Dir. R. GAY-CROSIER
Cocteau (1970). Dir. J.-J. KIHM †
  (1994). Dir. M. DÉCAUDIN
Gide (1970). Dir. C. MARTIN
Malraux (1971). Dir. W. G. LANGLOIS
  (1988). Dir. C. MOATTI
  (2004). Dir. J.-C. LARRAT
Giono (1973). Dir. A. J. CLAYTON,
  L. FOURCAUT
Mauriac (1974). Dir. J. MONFÉRIER
  (2001). Dir. P. BAUDORRE
Valéry (1974). Dir. H. LAURENTI
  (2001). Dir. R. PICKERING

Verne (1975). Dir. F. RAYMOND †
  (1992). Dir. C. CHELEBOURG
Jouve (1981). Dir. D. LEUWERS
  (1988). Dir. C. BLOT-LABARRÈRE
Ramuz (1982). Dir. J.-L. PIERRE
Hugo (1983). Dir. M. GRIMAUD †
  (1998). Dir. C. MILLET
Cendrars (1985). Dir. M. CHEFDOR,
  C. LEROY.
  (2000). Dir. C. LEROY
Joyce (1987). Dir. C. JACQUET
Bloy (1989). Dir. P. GLAUDES
Gracq (1991). Dir. P. MAROT
Simon (1993). Dir. R. SARKONAK
Roussel (1993). Dir. A.-M. AMIOT,
  C. REGGIANI
Conrad (1994).
  Dir. J. PACCAUD-HUGUET
Artaud (1999).
  Dir. O. PENOT-LACASSAGNE
Proust (2000). Dir. B. BRUN.
Duras (2004). Dir. B. ALAZET.
Char (2004). Dir. P. NÉE.

De façon complémentaire, par un retour aux sources de la RLM d'origine,

— *l'icosathèque* (*20th*), sous la direction de M. J. MINARD, poursuit l'exploration critique du XXᵉ siècle : l'avant-siècle, le siècle éclaté, le plein siècle, au jour le siècle, l'intersiècle, le « Nouveau Roman » en questions (Dir. R.-M. ALLEMAND).

— *écritures contemporaines* assure en aval, la continuité vers l'étude de la littérature du XXIᵉ siècle, sous la direction de D. VIART.

— *écritures XIX* revisite en amont, les problématiques du XIXᵉ siècle, sous la direction de C. CHELEBOURG.

LETTRES MODERNES MINARD

est la marque éditoriale commune des publications de

éditorat des lettres modernes, minard lettres modernes, librairie minard

10, rue de Valence, 75005 PARIS   45, rue de St-André, 14123 FLEURY/ORNE
Tél. : 01 43 36 25 83   Tél. : 02 31 84 47 06
e-mail :
editorat.lettresmodernes@wanadoo.fr   minard.lettresmodernes@wanadoo.fr

collection

LA REVUE DES LETTRES MODERNES
ISSN 0035-2136

Carnet bibliographique André Malraux
critique 1990–2002

première partie

éléments réunis et présentés par Abdelaziz BENNIS

SOUSCRIPTION GÉNÉRALE
à toutes les Séries existantes et à paraître
le prix de vente de chaque volume étant variable
son prix de souscription est calculé en **Unités** *de Gestion*
FRANCE-ÉTRANGER : **185 €**
(= 50 Unités pour des volumes **à paraître**)
(tarif valable à partir de novembre 2002)
+ **frais de port** (avril 2003)
suivant zones postales et tarifs en vigueur à la date de facturation
France : **14,40 €**   Étranger : zone 1 (Europe, Algérie, Tunisie, Maroc) : **9,91 €**
zone 2 (autres pays) : **16,46 €**

cette collection n'étant pas un périodique
les souscriptions ne sont pas annuelles et ne finissent pas à date connue
(possibilités de Suites notées/Standing orders, par Série, sur demande)
services administratifs et commerciaux
MINARD DISTRIBUTION — 45, r. de Saint-André — 14123 Fleury-sur-Orne
Fax : 02 31 84 48 09   Tél. : 02 31 84 47 06
e-mail : minarddistribution@wanadoo.fr

ce volume est décompté aux souscripteurs pour 8 Unités [UG#748 755]

MINARD LETTRES MODERNES
[196] p.
ISBN 2-256-91076-8 (10/2004)
MINARD DISTRIBUTION
première émission réservée aux souscripteurs (10/2004)

exemplaire conforme au Dépôt légal d'octobre 2004
sous la marque éditoriale lettres modernes minard
bonne fin de production en France
Minard Fabrication 45 r. de Saint-André 14123 Fleury-sur-Orne